ALFRED SCHNEIDER

Rechnen mit Lust 3.

Spiele und Übungen als **Kopiervorlagen**

umweltfreundlich
auf chlorfreiem Papier

ISBN 3-89291-180-0

Unterrichtspraxis

Alfred Schneider

Rechnen mit Lust 4.

Spiele und Übungen als Kopiervorlagen

● ARBEITSBLÄTTER mit Lösungen ● FOLIENVORLAGEN

INHALTSVERZEICHNIS

KOPIERHEFTE

Mathematik mit Pfiff

Bleiziffer / Rupprecht

Fit mit Tricks in Textaufgaben

3./4. Jahrgangstufe

A4

für Freiarbeit Übung Differenzierung

Textaufgaben
fit mit Tricks

Inhaltsangabe

VORWORT

Die bewährten Reihen Stundenbilder
und Unterrichtspraxis
aus dem pb-Verlag unterstützen Sie bei der täglichen Unterrichtsvorbereitung.

Dieses Skript bietet Ihnen eine Vielzahl von Anregungen, die Ihnen helfen, den oft trockenen Unterrichtsstoff zu beleben.

- Viele Blätter können als Folienvorlagen verwendet werden. Die große Schrift erleichtert die Lesbarkeit.
- Die Blätter können unabhängig von eingeführten Schulbüchern verwendet werden.
- Das Material bietet gute Hilfen bei Vertretungsstunden, auch in anderen Jahrgangsstufen.
- Viele Folienvorlagen dienen dem täglichen "5-Minuten-Kopfrechnen". Am Ende des Skripts sind die wichtigsten Blätter leer abgedruckt, so können sie individuell gestaltet werden.
- Die meisten Arbeitsblätter ermöglichen dem Schüler eine sofortige Selbstkontrolle.

Ich wünsche Ihnen bei der Arbeit mit diesem Skriptum viel unterrichtlichen Erfolg und frohes Schaffen.

A. Schneider

Inhaltsverzeichnis

Unterrichtspraxis

Alfred Schneider

Rechnen mit Lust 4.

Spiele und Übungen als Kopiervorlagen

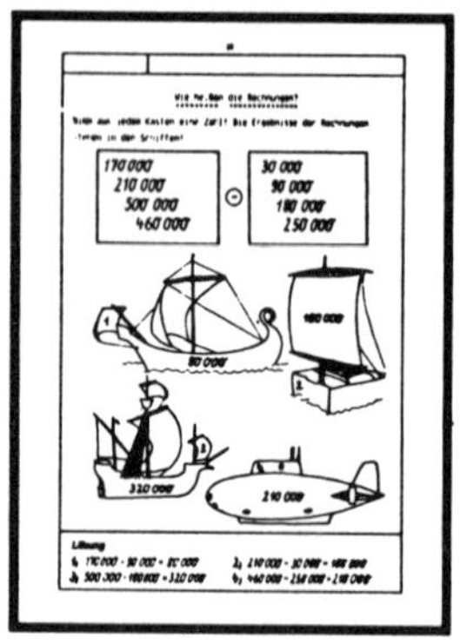

● ARBEITSBLÄTTER mit Lösungen ● FOLIENVORLAGEN

INHALTSVERZEICHNIS

Kreispuzzle

Schneide die einzelnen Tortenstücke (= Segmente) aus.
Nimm ein Teil. Auf ihm steht eine Rechnung. Rechne diese Aufgabe auf deinem Block. Auf einem anderen Puzzleteil findest du das Ergebnis der Rechnung. Lege es neben das erste Teil.
Nun findest du auf dem zweiten Segment eine Aufgabe. Rechne sie.
Weißt du nun, wie es geht?

Male die Aufgaben und die Lösungen in gleichen Farben aus!

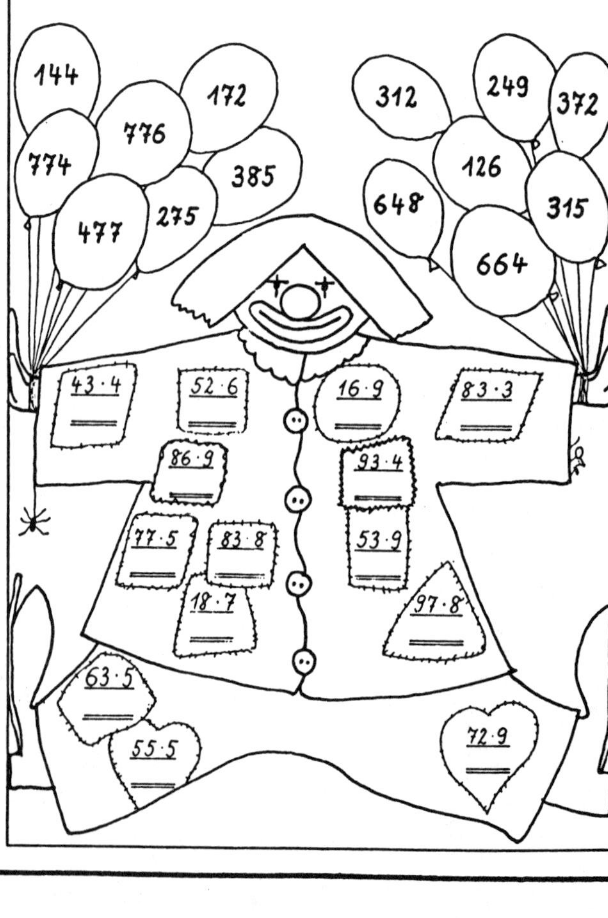

Wie heißt die Rechnung ?

Nimm aus jedem Kästchen eine Zahl. Die Ergebnisse haben die Knülpe in der Hand.

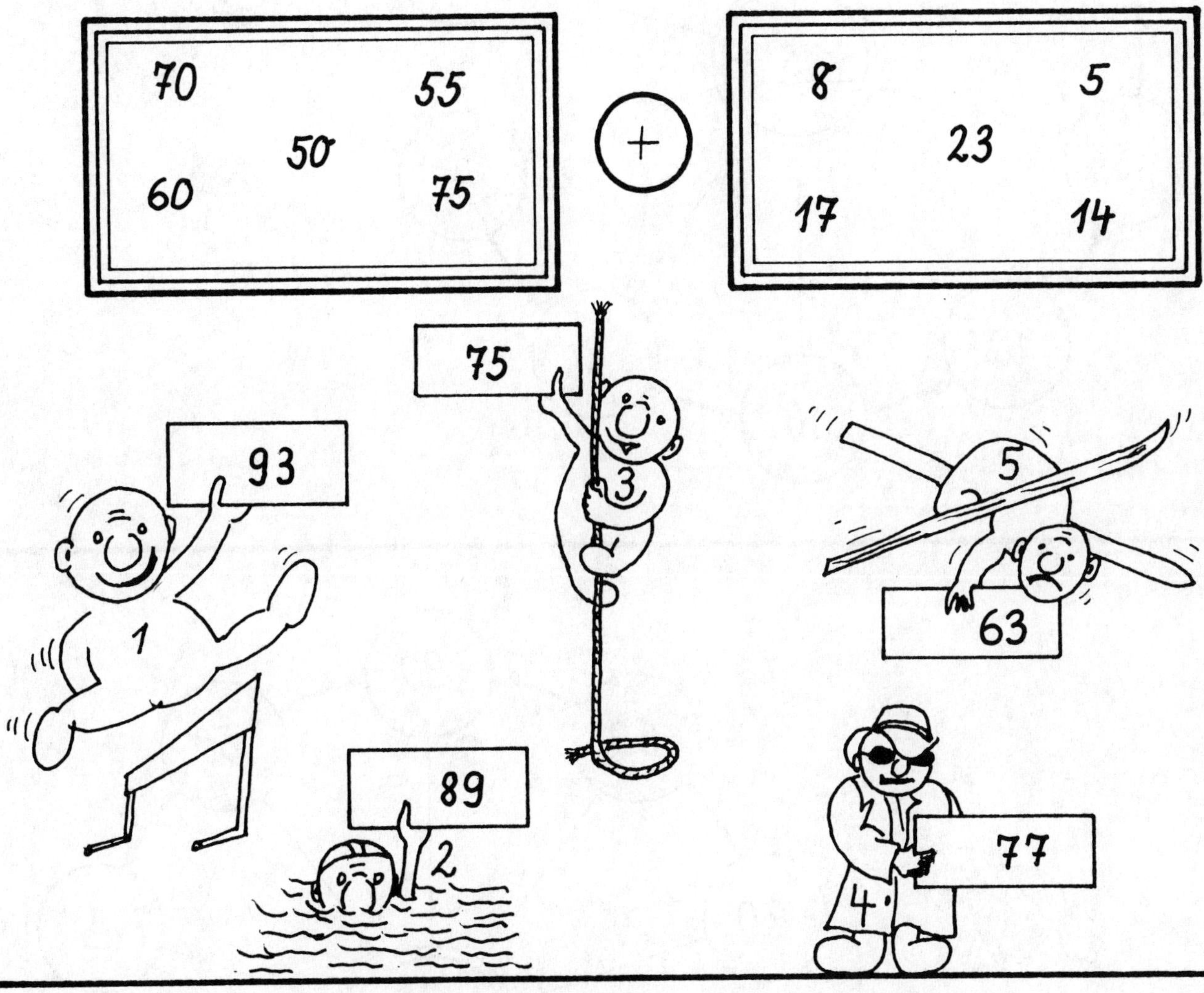

Lösungen:

1) 70 + 23 = 93

2) 75 + 14 = 89

3) 70 + 5 = 75

4) 60 + 17 = 77

5) 55 + 8 = 63

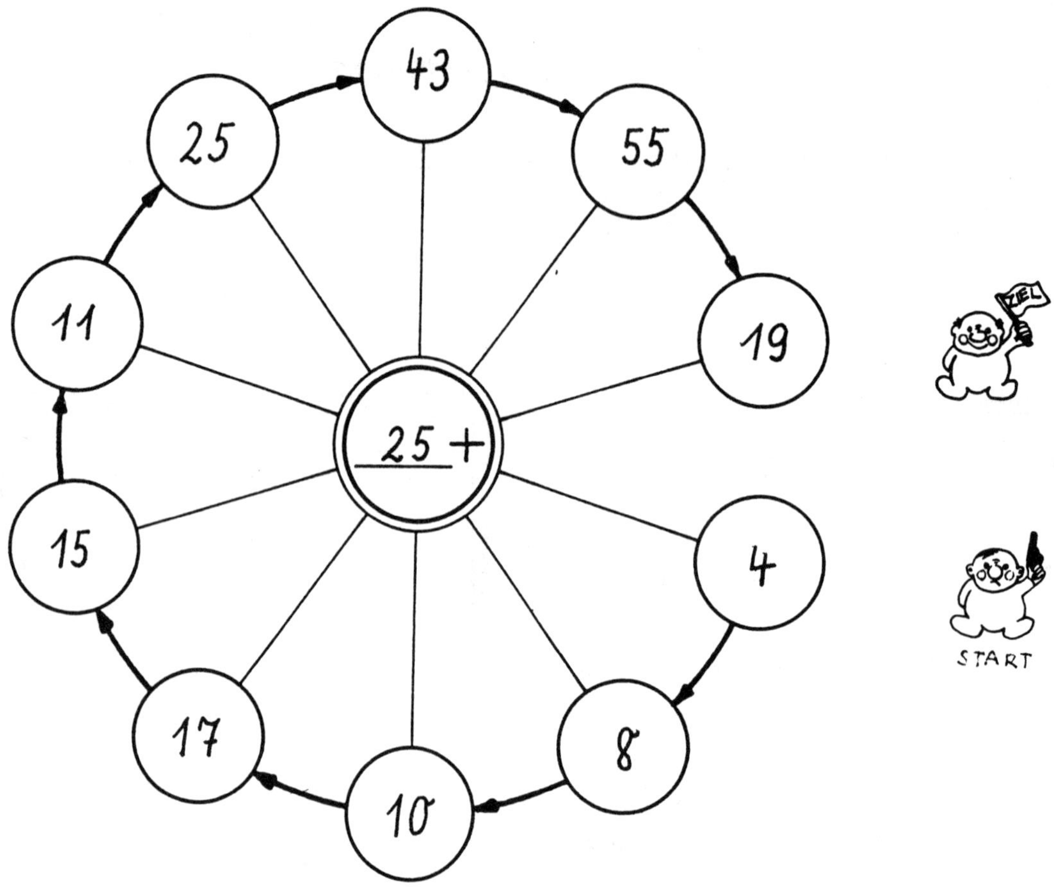
25 +
43
55
19
4
8
10
17
15
11
25
ZIEL
START

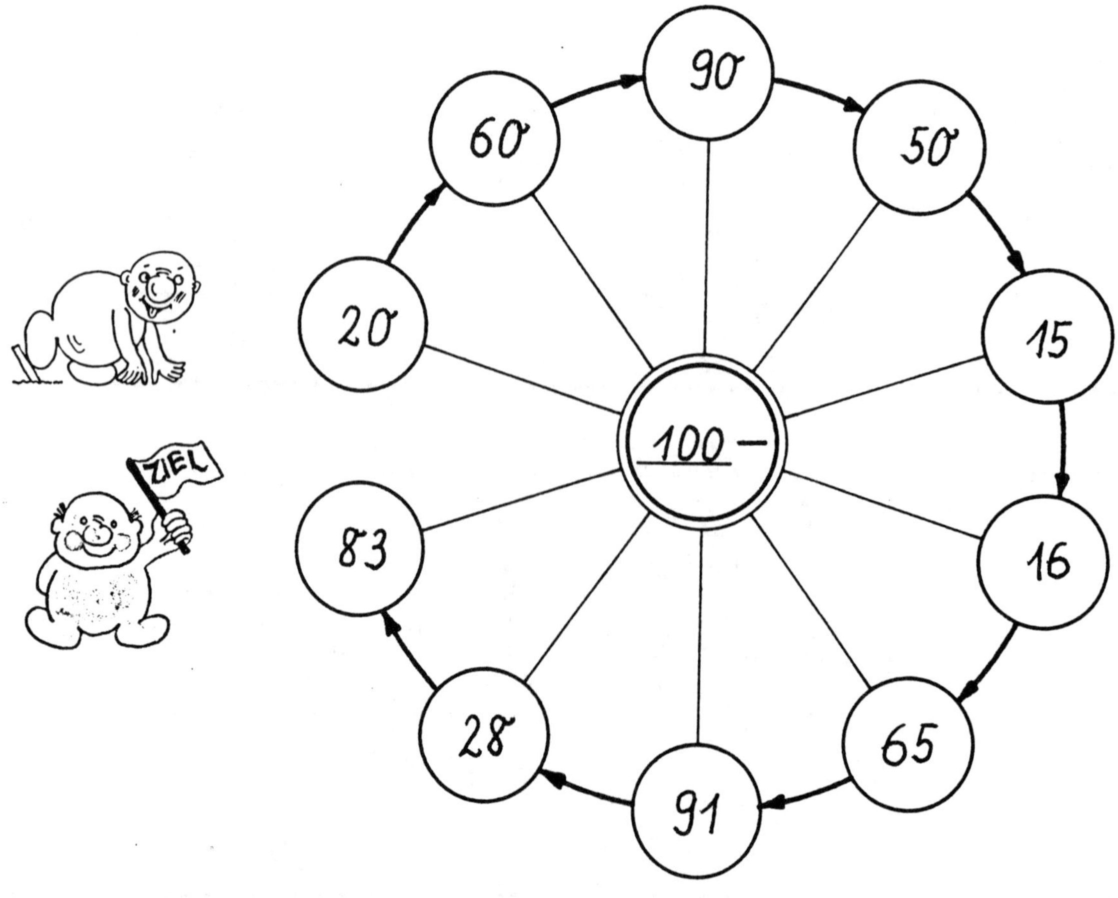
100 −
90
50
15
16
65
91
28
83
20
60
ZIEL

Luftballonschießen

Wenn ein Schütze 2 Luftballons trifft, welche Summen kann er haben? Es gibt sechs Möglichkeiten!

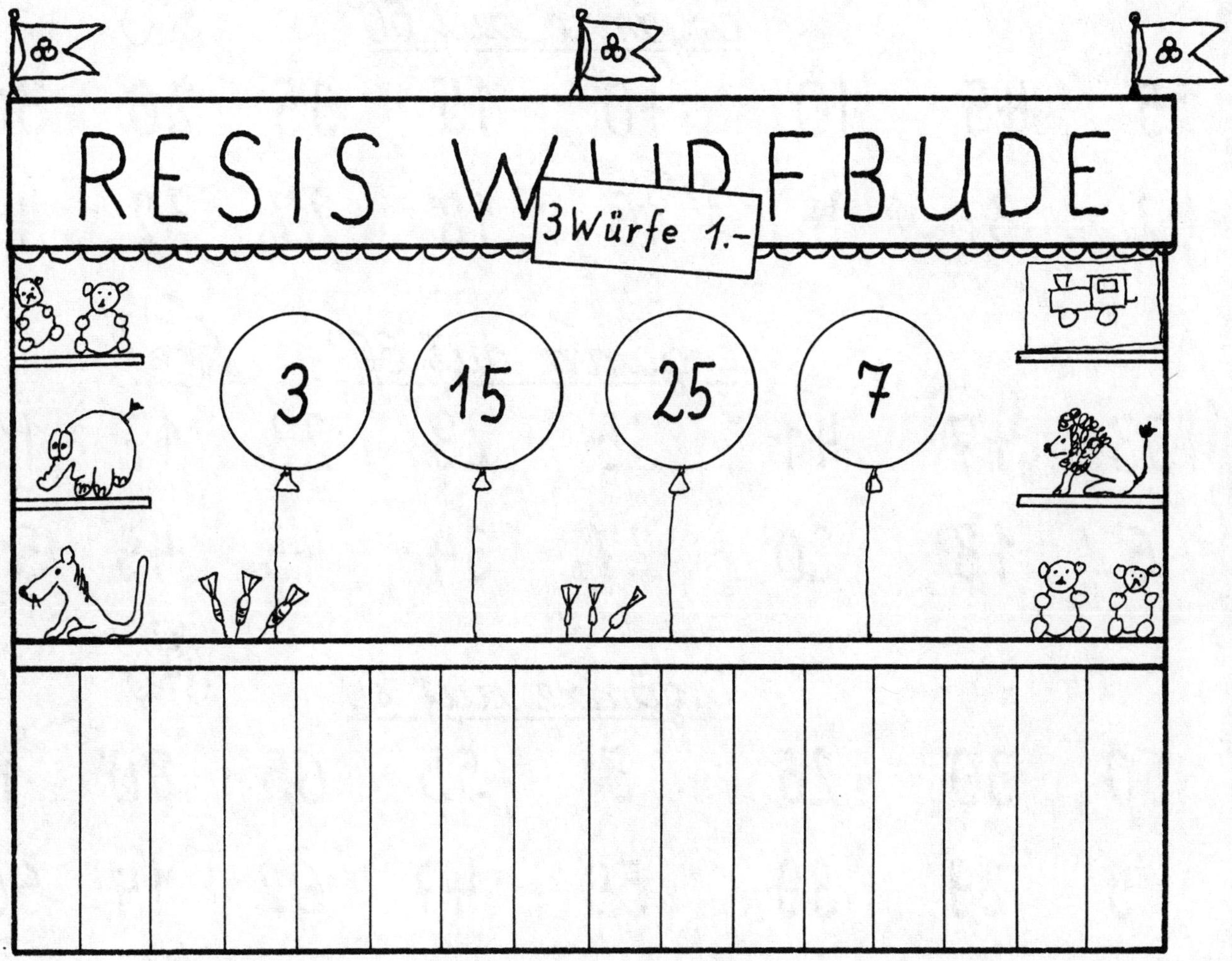

3 + 15 = 18

15 + 25 = 40

3 + 25 = 28

15 + 7 = 22

3 + 7 = 10

25 + 7 = 32

Ergänze auf 30

5	10	15	20	25	4	9	14
19	24	3	8	13	18	23	28

Ergänze auf 50

5	45	10	40	15	35	20	30
2	3	4	16	18	27	32	41

Ergänze auf 60

53	47	41	35	29	23	17	11
6	13	20	27	34	45	49	51

Ergänze auf 80

50	30	25	5	55	65	80	1
9	29	39	59	47	62	14	66

Ergänze auf 100

10	80	20	70	30	60	40	80
25	65	35	75	15	45	55	95
32	43	54	89	77	66	22	61
39	58	47	4	6	9	0	71

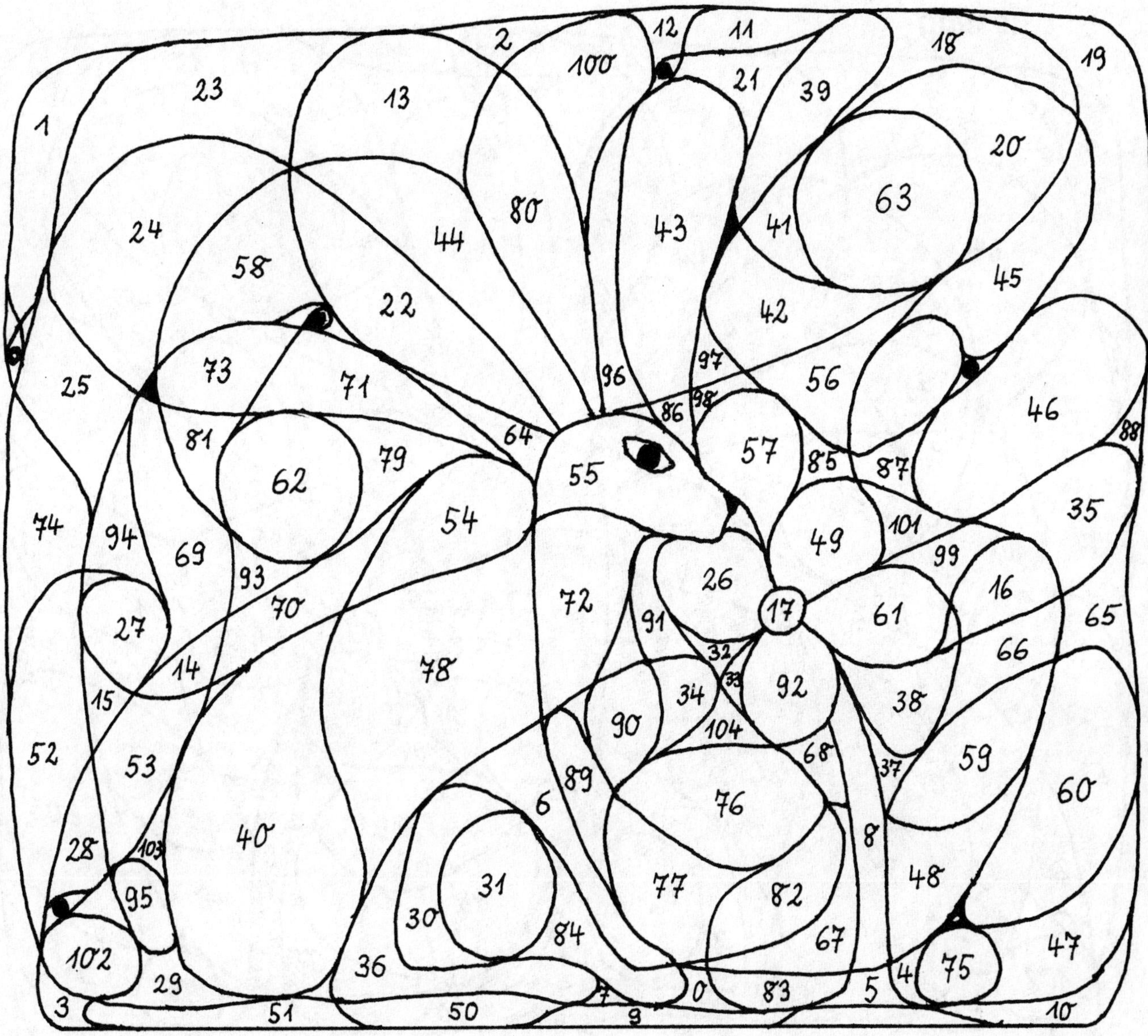

Rechne, und male dann mit der angegebenen Farbe aus!

1) 14 + 8 = _____(grau)

2) 2 + 4 = _____(grau)

3) 8 + 9 = _____(rot)

4) 23 + 17 = _____(grau)

5) 46 + 46 = _____(blau)

6) 3 + 5 = _____(grün)

7) 19 + 17 = _____(grau)

8) 19 + 30 = _____(blau)

9) 39 + 39 = _____(grau)

10) 62 + 33 = _____(grau)

11) 47 + 14 = _____(blau)

12) 36 + 36 = _____(grau)

13) 9 + 17 = _____(blau)

14) 27 + 28 = _____(grau)

15) 35 + 45 = _____(grau)

16) 39 + 24 = _____(gelb)

17) 59 + 17 = _____(grün)

18) 23 + 36 = _____(grün)

Lösung

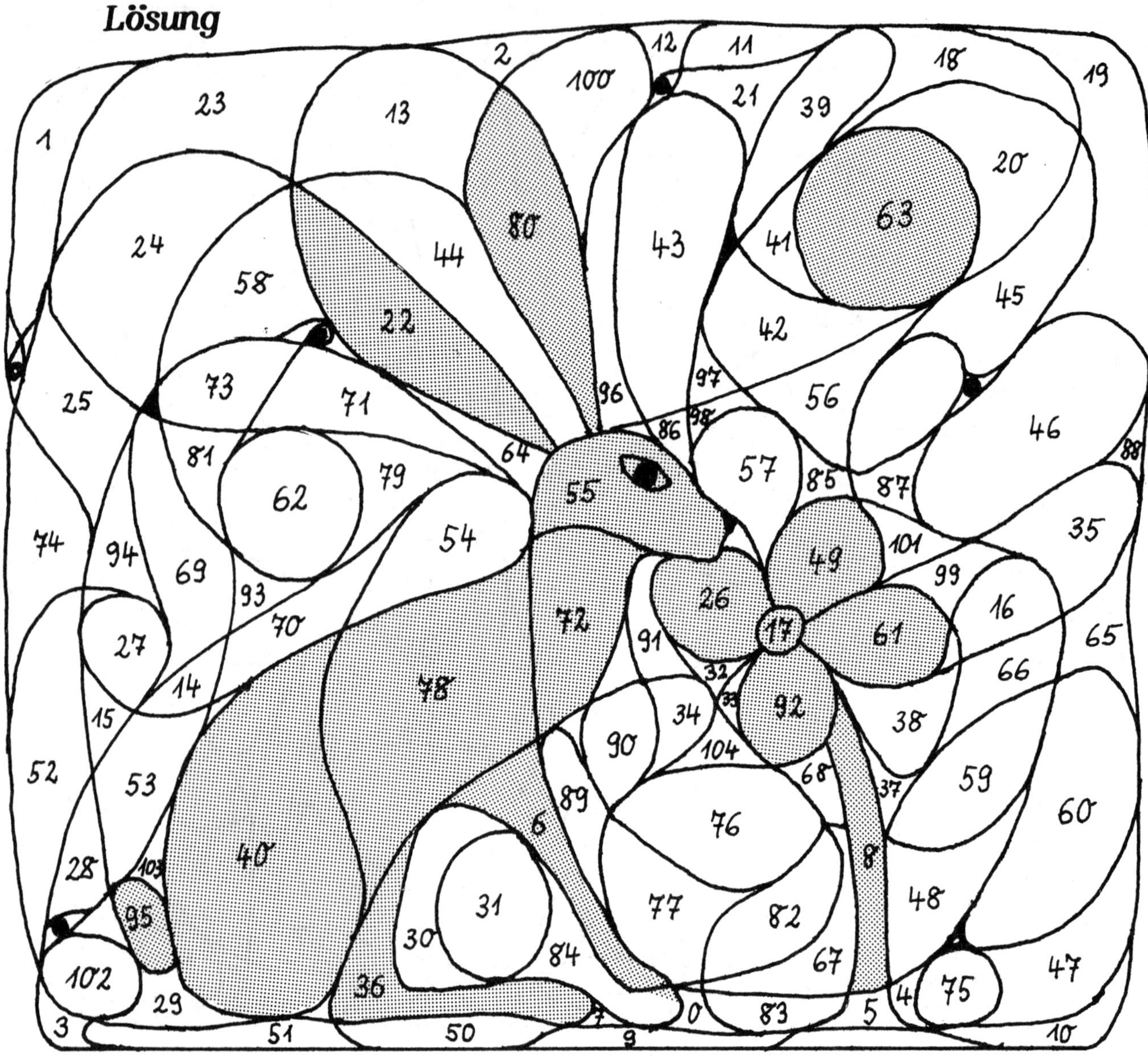

Rechne, und male dann mit der angegebenen Farbe aus!

1) 14 + 8 = 22 (grau)	2) 2 + 4 = 6 (grau)
3) 8 + 9 = 17 (rot)	4) 23 + 17 = 40 (grau)
5) 46 + 46 = 92 (blau)	6) 3 + 5 = 8 (grün)
7) 19 + 17 = 36 (grau)	8) 19 + 30 = 49 (blau)
9) 39 + 39 = 78 (grau)	10) 62 + 33 = 95 (grau)
11) 47 + 14 = 61 (blau)	12) 36 + 36 = 72 (grau)
13) 9 + 17 = 26 (blau)	14) 27 + 28 = 55 (grau)
15) 35 + 45 = 80 (grau)	16) 39 + 24 = 63 (gelb)
17) 59 + 17 = 76 (grün)	18) 23 + 36 = 59 (grün)

Schneide die Streifen aus, klebe sie geordnet auf und rechne!

14		+	+	=	36	28	___
	___	15	29	31	+	+	=
22		+	+	=	24	26	___
	___	47	45	5	+	+	=
33		+	+	=	11	19	___
	___	28	57	13	+	+	=
16		+	+	=	40	44	___
	___	37	23	19	+	+	=

Lösung

14	+	28	+	36	=	78	
	29	+	15	+	31	=	75
22	+	26	+	24	=	72	
	45	+	47	+	5	=	97
33	+	19	+	11	=	63	
	57	+	28	+	13	=	98
16	+	44	+	40	=	100	
	23	+	37	+	19	=	79

Domino

Schneide die Dominosteine aus. Ordne sie so, daß neben der Aufgabe die Lösung liegt. Die Buchstaben in den Kreisen ergeben der Reihe nach gelesen einen Spruch!

Lös.: ____________________

Start (M) 100-80	=45 (E) 50-25	=34 (U) 100-15	=19 (//) 74-6
=33 (//) 88-4	=39 (D) 64-50	=49 (//) 35-6	=20 (O) 80-15
=25 (N) 60-30	=85 (N) 85-6	=68 (H) 59-11	=84 (G) 71-9
=14 (//) 85-70	=29 (M) 100-26	=54 (D) 83-5	=65 (R) 15-9
=30 (S) 90-85	=79 (D) 50-26	=48 (A) 15-11	=62 (O) 61-8
=15 (J) 63-63	=74 (U) 88-19	=78 (E.) Ziel	=6 (G) 70-25
=5 (T) 40-6	=24 (E) 30-11	=4 (T) 99-66	=53 (L) 52-13
	=0 (M) 67-18	=69 (N) 61-7	

Lösung

Domino

Schneide die Dominosteine aus. Ordne sie so, daß neben der Aufgabe die Lösung liegt. Die Buchstaben in den Kreisen ergeben der Reihe nach gelesen einen Spruch!

Lös.: Morgenstunde hat Gold im Munde.

Start (M) 100-80	=20 (O) 80-15	=65 (R) 15-9	=6 (G) 70-25
=45 (E) 50-25	=25 (N) 60-30	=30 (S) 90-85	=5 (T) 40-6
=34 (U) 100-15	=85 (N) 85-6	=79 (D) 50-26	=24 (E) 30-11
=19 (//) 74-6	=68 (H) 59-11	=48 (A) 15-11	=4 (T) 99-66
=33 (//) 88-4	=84 (G) 71-9	=62 (O) 61-8	=53 (L) 52-13
=39 (D) 64-50	=14 (//) 85-70	=15 (J) 63-63	=0 (M) 67-18
=49 (//) 35-6	=29 (M) 100-26	=74 (U) 88-19	=69 (N) 61-7
	=54 (D) 83-5	=78 (E.) Ziel	

Schneide die Streifen aus, klebe sie geordnet auf und rechne!

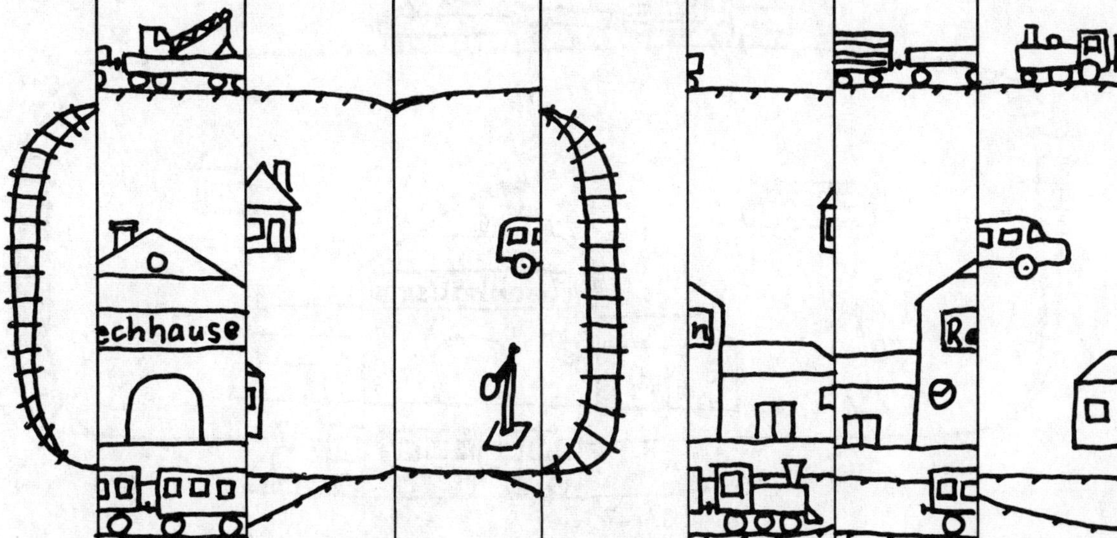

74	24	___	–		=	–	19
	–	=	98	___	8	43	–
100	20	___	–		=	–	78
	–	=	63	___	23	21	–
81	11	___	–		=	–	50
	–	=	35	___	5	17	–
86	27	___	–		=	–	36
	–	=	92	___	42	48	–

Lösung

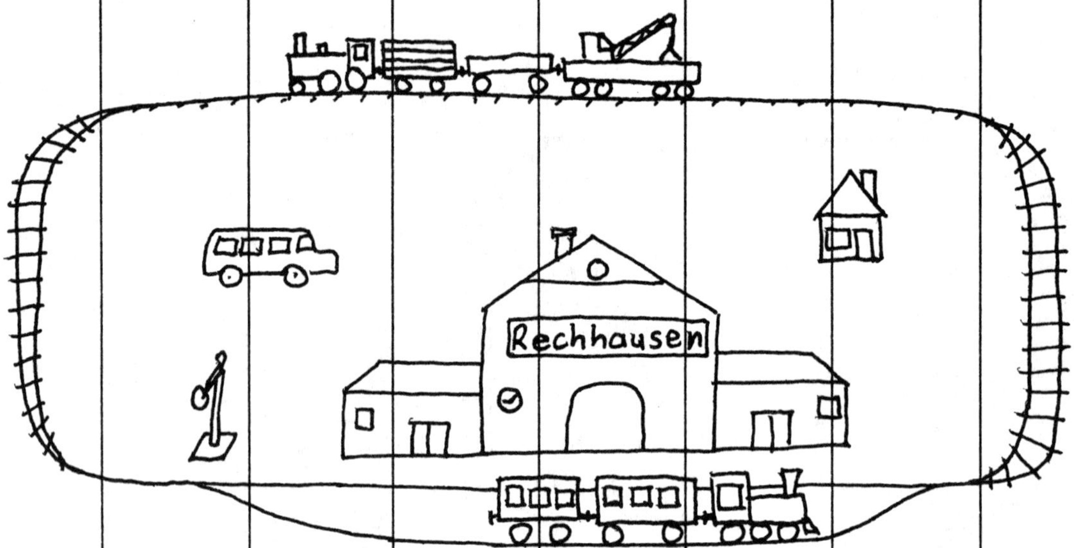

74	–	19	–	24	=	31	
	98	–	43	–	8	=	47
100	–	78	–	20	=	2	
	63	–	21	–	23	=	19
81	–	50	–	11	=	20	
	35	–	17	–	5	=	13
86	–	36	–	27	=	23	
	92	–	48	–	42	=	2

Verbinde die Ergebnisse der Reihe nach!

13 + 26 = ___
48 + 17 = ___
26 + 15 = ___
34 + 36 = ___
21 − 9 = ___
90 − 37 = ___
81 − 7 = ___
75 − 15 = ___
18 + ___ = 25
33 + ___ = 66
30 + ___ = 94
___ + 15 = 33
100 − ___ = 17
70 − ___ = 69
43 − ___ = 34
___ − 6 = 19
15 + 15 + ___ = 49
28 + 28 + ___ = 60
34 + 34 − ___ = 0
60 + 30 − ___ = 79
3 + 4 + 5 + 9 = ___
13 + 15 + 9 + 4 + 9 = ___
100 − 20 − 30 − 8 = ___
50 − 9 − 9 − 9 − 18 = ___

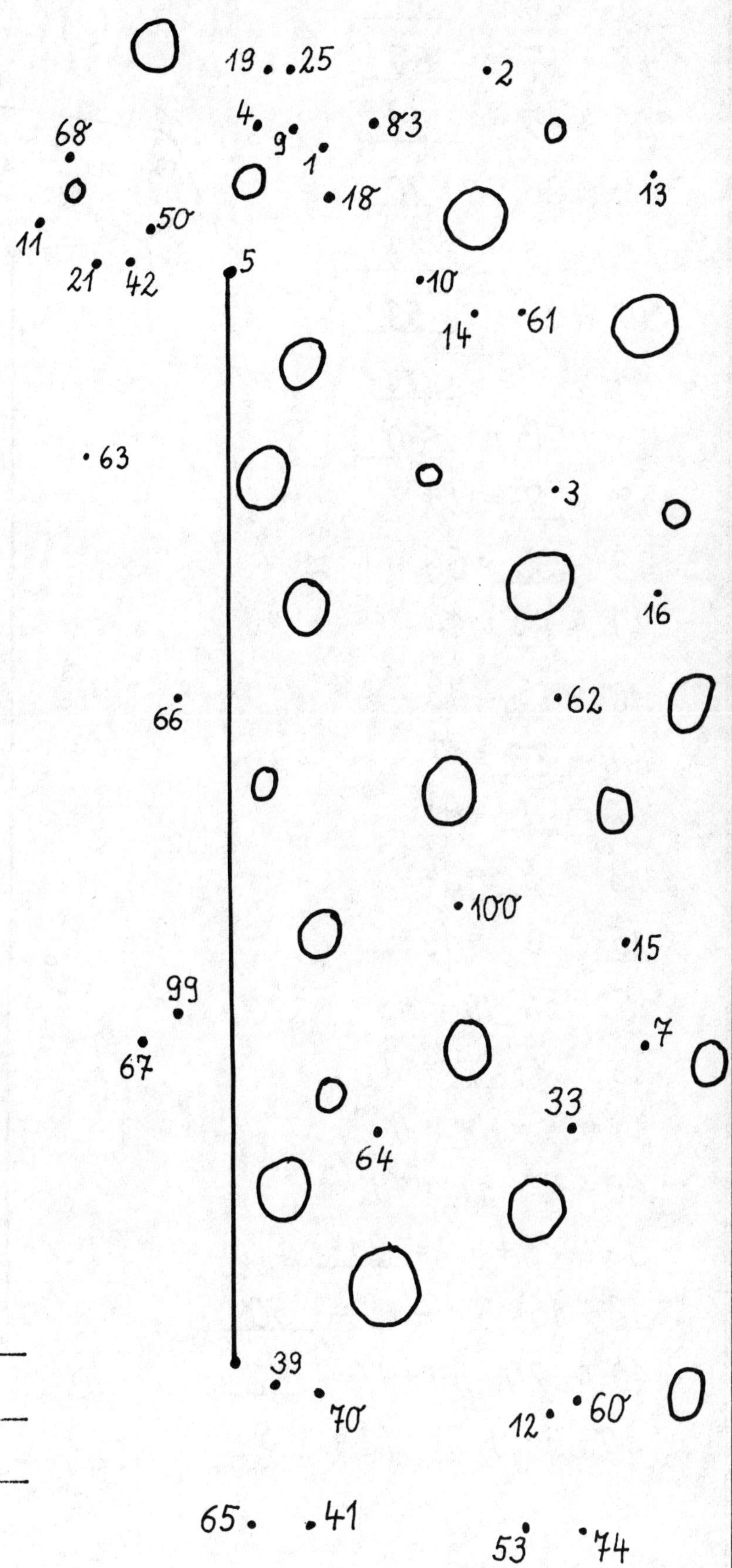

Lösung

Verbinde die Ergebnisse der Reihe nach!

13 + 26 = 39

48 + 17 = 65

26 + 15 = 41

34 + 36 = 70

21 − 9 = 12

90 − 37 = 53

81 − 7 = 74

75 − 15 = 60

18 + 7 = 25

33 + 33 = 66

30 + 64 = 94

18 + 15 = 33

100 − 83 = 17

70 − 1 = 69

43 − 9 = 34

25 − 6 = 19

15 + 15 + 19 = 49

28 + 28 + 4 = 60

34 + 34 − 68 = 0

60 + 30 − 11 = 79

3 + 4 + 5 + 9 = 21

13 + 15 + 9 + 4 + 9 = 50

100 − 20 − 30 − 8 = 42

50 − 9 − 9 − 9 − 18 = 5

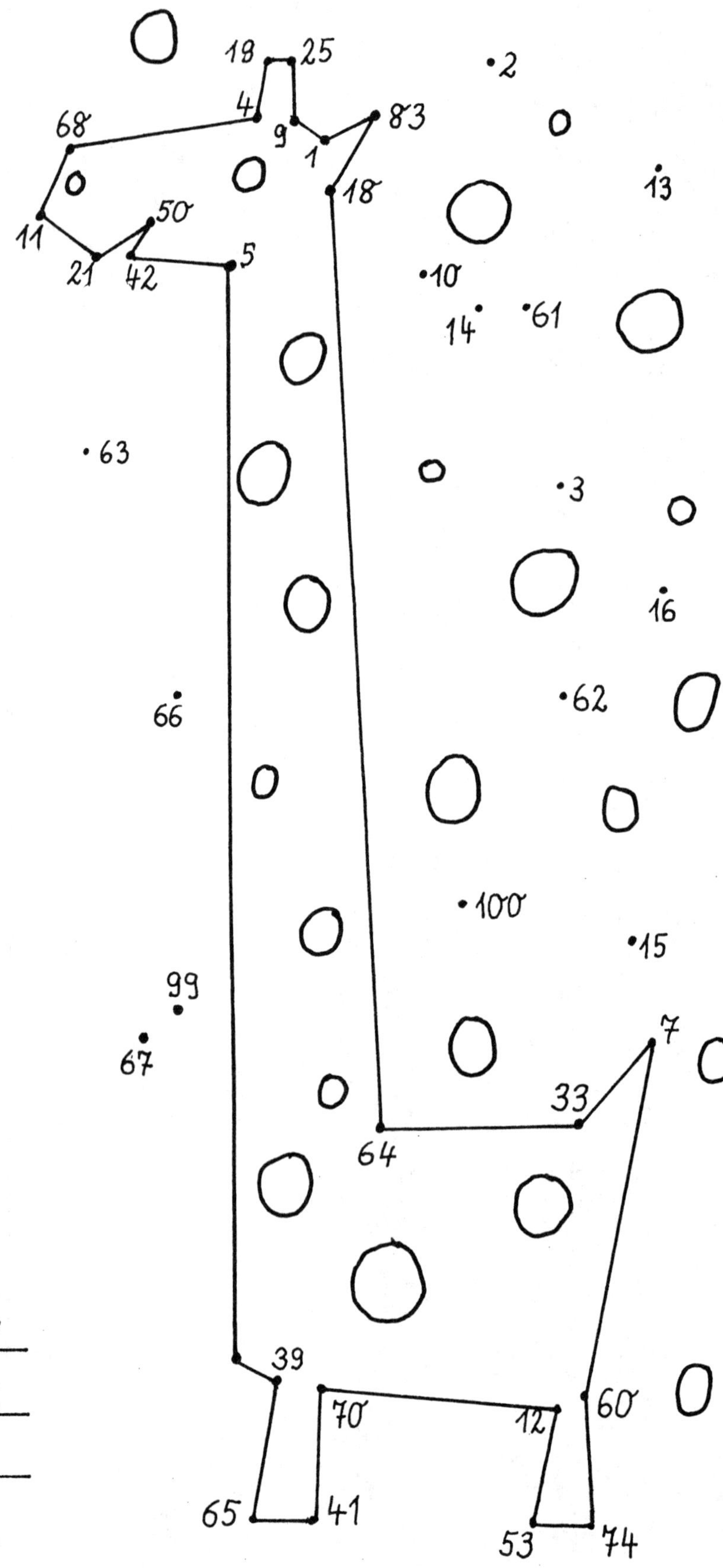

Schneide die Streifen aus, klebe sie geordnet auf und rechne!

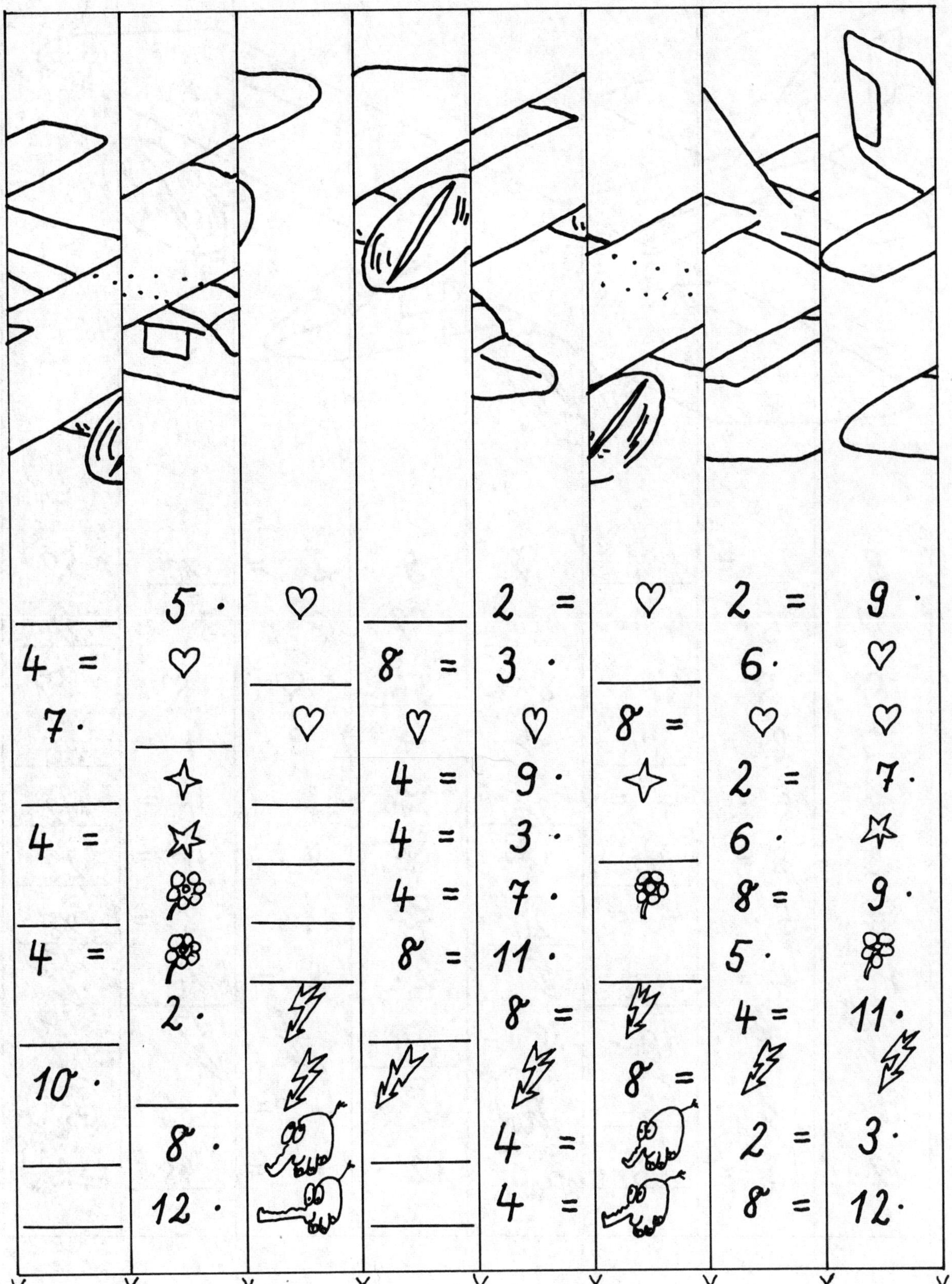

Lösung

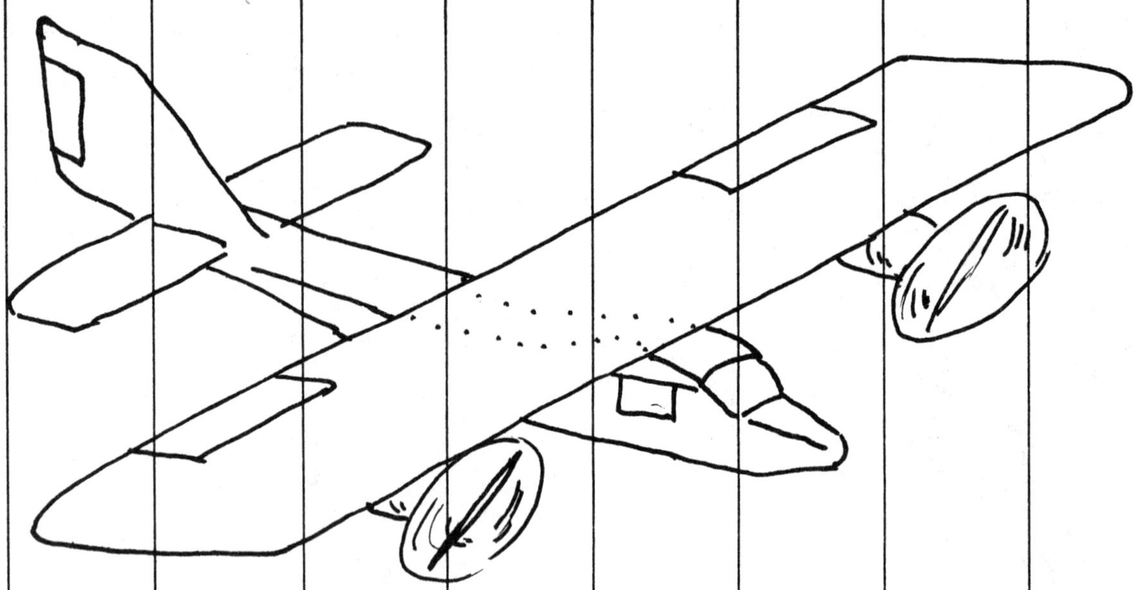

9 ·	2 =	18	♡	5 ·	2 =	10	♡
♡	6 ·	4 =	24	♡	3 ·	8 =	24
♡	♡	7 ·	8 =	56	♡	♡	♡
7 ·	2 =	14	✧	✧	9 ·	4 =	36
☆	6 ·	4 =	24	☆	3 ·	4 =	12
9 ·	8 =	72	✿	✿	7 ·	4 =	28
✿	5 ·	4 =	20	✿	11 ·	8 =	88
11 ·	4 =	44	⚡	2 ·	8 =	16	⚡
⚡	⚡	10 ·	8 =	80	⚡	⚡	⚡
3 ·	2 =	6	☠	8 ·	4 =	32	☠
12 ·	8 =	96	☠	12 ·	4 =	48	☠

Das Einmaleins mit 3

Umkreise immer 3. Wie heißt die Malaufgabe?

$3 \cdot 3 = 9$

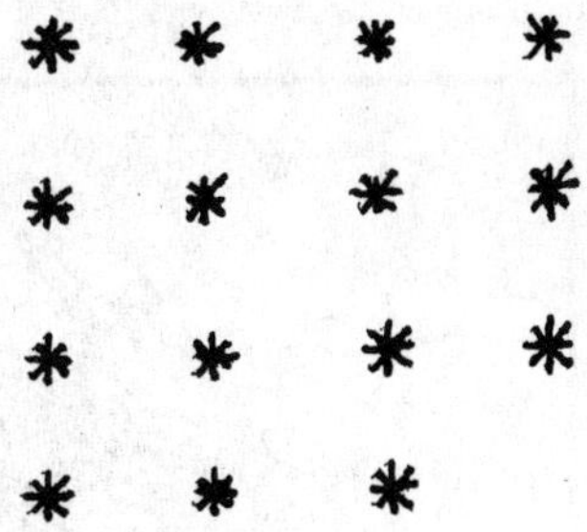

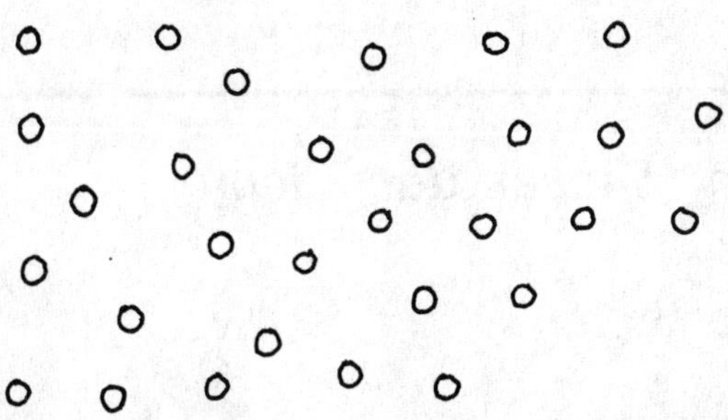

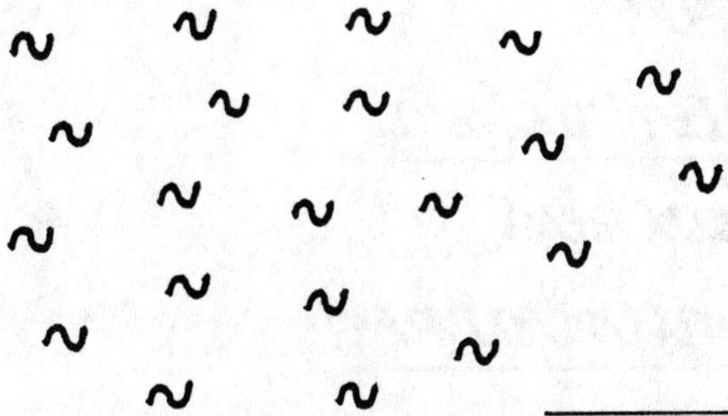

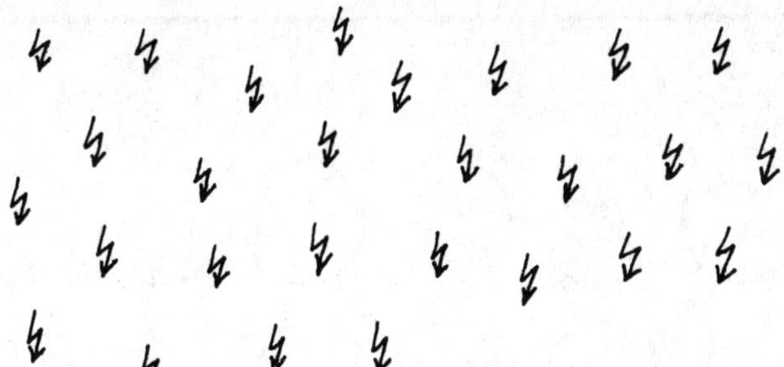

Das Einmaleins mit 3

Kannst du weitermachen?

1 Mistgabel mit 3 Zinken steckt in einem Misthaufen.
2 Mistgabeln mit 6 Zinken stecken in einem Misthaufen.
3 Mistgabeln .....
....

Setze den Namen eines Mitschülers ein. Dieser darf dann die nächste Aufgaben sagen!

Eine Gabel mit 3 Zacken
steckt in Name ______ Hinterbacken.
Zwei Gabeln mit __ Zacken
stecken in Name ______ Hinterbacken.

u. s. w.

Wie heißen die fehlenden Zahlen?

39 – 42 – ( )

( ) – 27 – 24 – ( ) – ( )

( ) – ( ) – 27 – 30

15 – 18 – ( )

Puzzle

$5 \cdot 3 - 1$ = ______	$9 \cdot 3 + 2$ = ______	$5 \cdot 3 - 8$ = ______	$9 \cdot 3 + 5$ = ______
$15 \cdot 3 + 1$ = ______	$7 \cdot 3 - 1$ = ______	$2 \cdot 3 + 10$ = ______	$12 \cdot 3 + 3$ = ______
$6 \cdot 3 + 1$ = ______	$8 \cdot 3 - 23$ = ______	$8 \cdot 3 + 16$ = ______	$9 \cdot 3 + 4$ = ______
$20 \cdot 3 + 10 \cdot 3$ = ______	$0 \cdot 3 + 3 - 3$ = ______	$2 \cdot 3 - 2$ = ______	$3 \cdot 3 + 2$ = ______

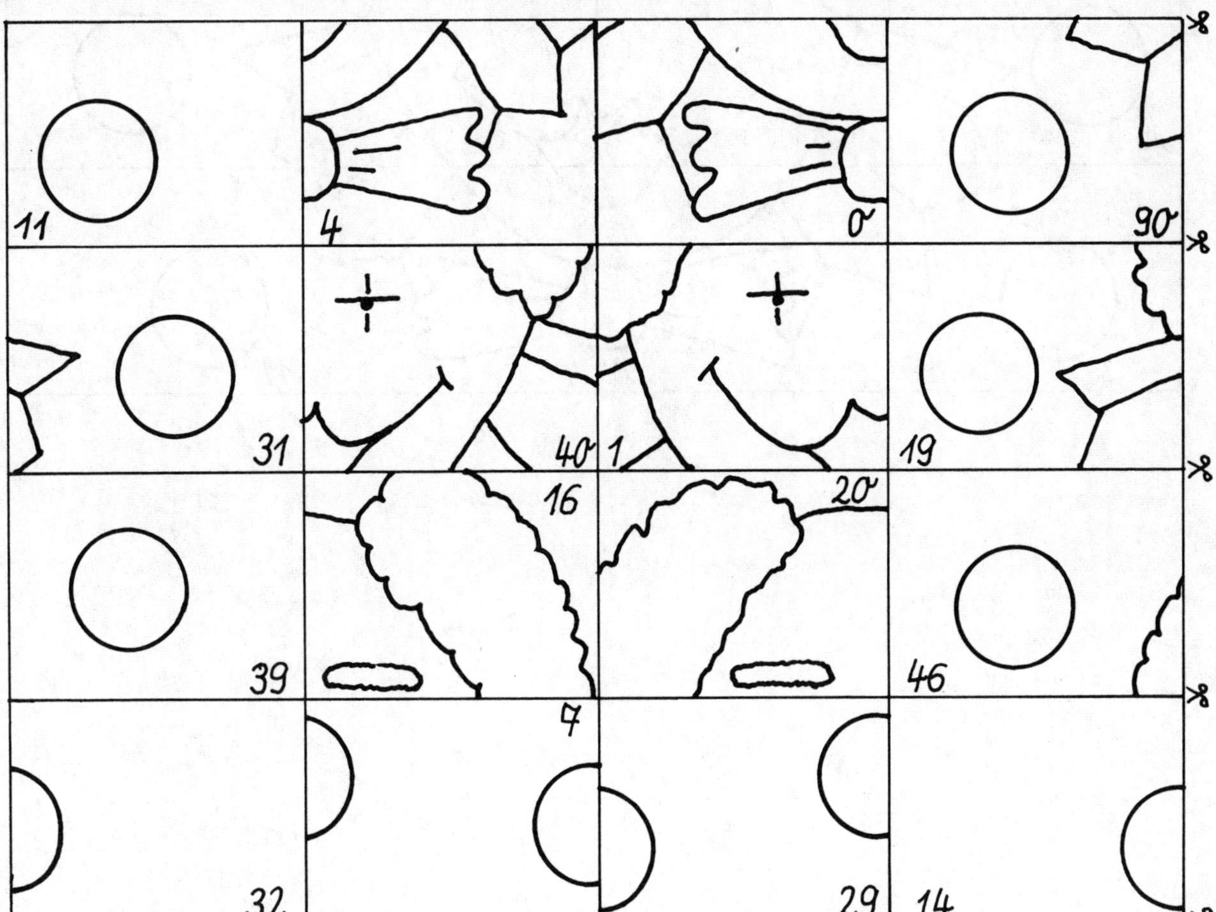

Lösung

Das Einmaleins mit 6

Umkreise die Zahlen des Sechser-Einmaleins!

1	2	3	4	5	6	7	8	9	10
11	12	13	14	15	16	17	18	19	20
21	22	23	24	25	26	27	28	29	30
31	32	33	34	35	36	37	38	39	40
41	42	43	44	45	46	47	48	49	50
51	52	53	54	55	56	57	58	59	60
61	62	63	64	65	66	67	68	69	70
71	72	73	74	75	76	77	78	79	80

Wie geht es weiter?

6 – 12 – ◯ – ◯ – ◯ – ◯ – ◯ – ◯ – 54 – ◯

72 – 66 – ◯ – ◯ – ◯ – ◯ – ◯ – 30 – ◯ – ◯

Verbinde richtig!

Aufgabe	Tauschaufgabe	Umkehraufgabe
3 · 6 = 18	6 · 9 = ___	54 : 6 = ___
6 · 6 = ___	6 · 3 = 18	36 : 6 = ___
9 · 6 = ___	6 · 6 = 36	48 : ___ = 8
4 · 6 = ___	___ · 8 = 48	___ : 6 = 4
8 · 6 = ___	6 · 7 = ___	18 : 6 = 3
7 · 6 = ___	6 · 4 = ___	42 : ___ = 7

Lösung

Das Einmaleins mit 6

Umkreise die Zahlen des Sechser-Einmaleins!

1	2	3	4	5	**6**	7	8	9	10
11	**12**	13	14	15	16	17	**18**	19	20
21	22	23	**24**	25	26	27	28	29	**30**
31	32	33	34	35	**36**	37	38	39	40
41	**42**	43	44	45	46	47	**48**	49	50
51	52	53	**54**	55	56	57	58	59	**60**
61	62	63	64	65	**66**	67	68	69	70
71	**72**	73	74	75	76	77	**78**	79	80

Wie geht es weiter?

6 – 12 – 18 – 24 – 30 – 36 – 42 – 48 – 54 – 60

72 – 66 – 60 – 54 – 48 – 42 – 36 – 30 – 24 – 18

Verbinde richtig!

Aufgabe	Tauschaufgabe	Umkehraufgabe
3 · 6 = 18	6 · 9 = 54	54 : 6 = 9
6 · 6 = 36	6 · 3 = 18	36 : 6 = 6
9 · 6 = 54	6 · 6 = 36	48 : ___ = 8
4 · 6 = 24	6 · 8 = 48	24 : 6 = 4
8 · 6 = 48	6 · 7 = 42	18 : 6 = 3
7 · 6 = 42	6 · 4 = 24	42 : 6 = 7

Susi hat geschlampt. Hilf ihr!

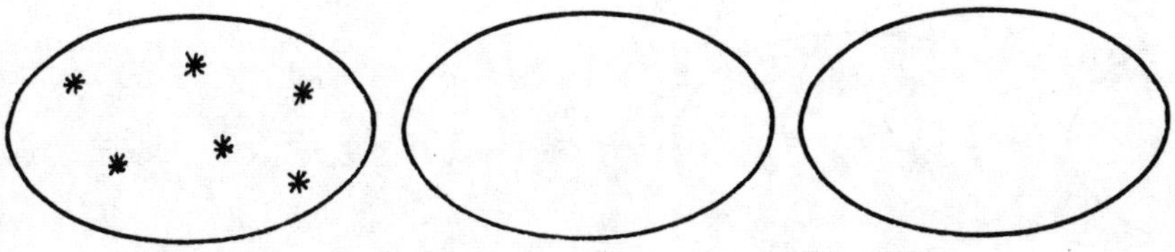

3 · ___ = 18

___ · 6 = ___

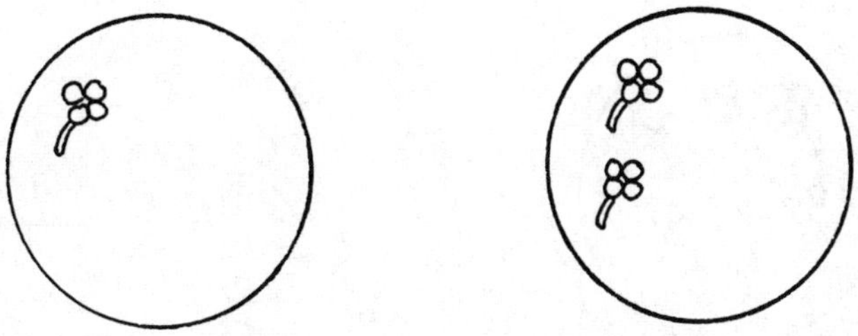

2 · 6 = ___

6 = 1 · 6   6 + 6 = 2 · 6   6 + 6 + 6 = ___   6 + 6 + 6 + 6 = ___

6 + 6 + 6 + 6 + 6 + 6 = ___   6 + 6 + 6 + 6 + 6 + 6 + 6 + 6 = ___

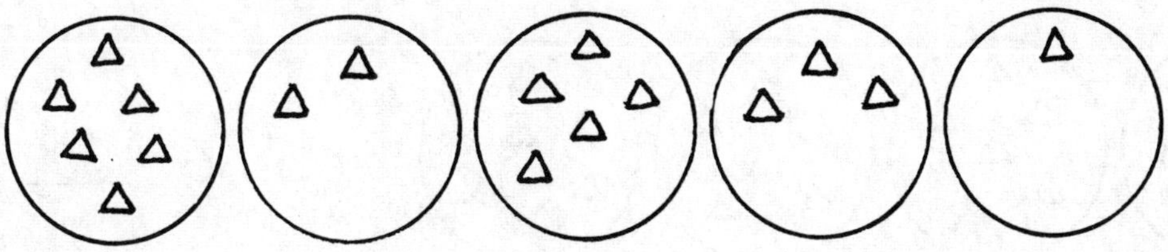

5 · 6 = ___

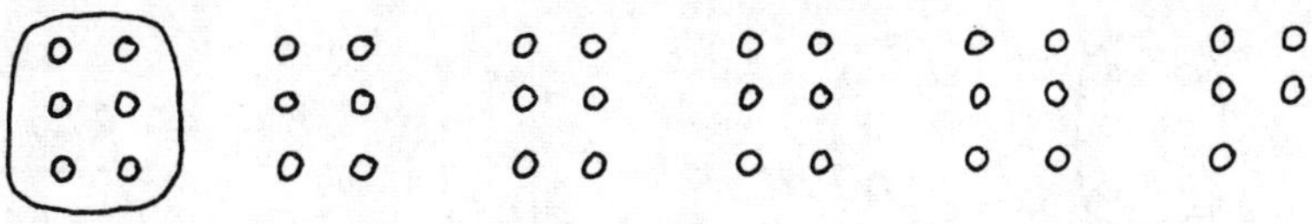

6 · 6 = ___

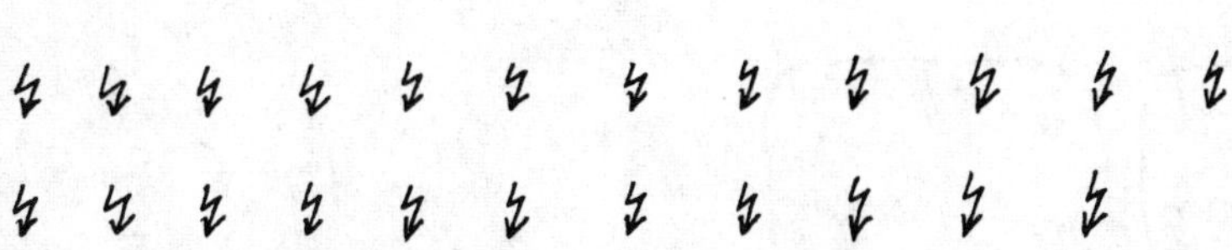

4 · 6 = 24

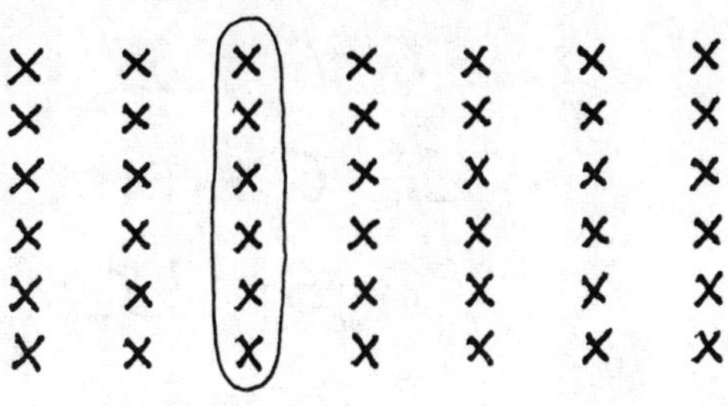

7 · 6 = ___

6 · 6 = ___

___ · 6 = 42

8 · 6 = ___

___ · 6 = 54

___ · 6 = ___

Lösung

Susi hat geschlampt. Hilf ihr!

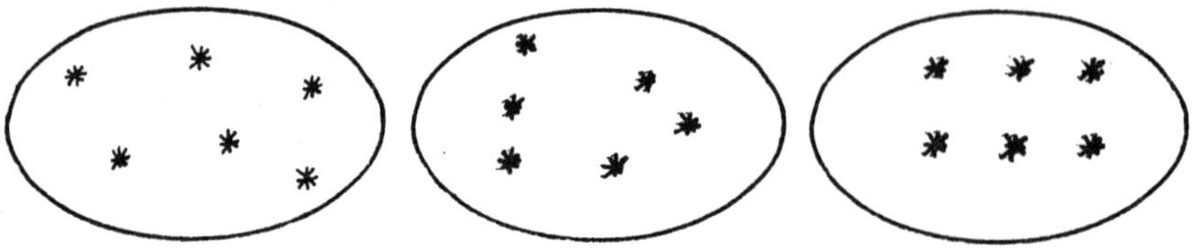

3 · 6 = 18

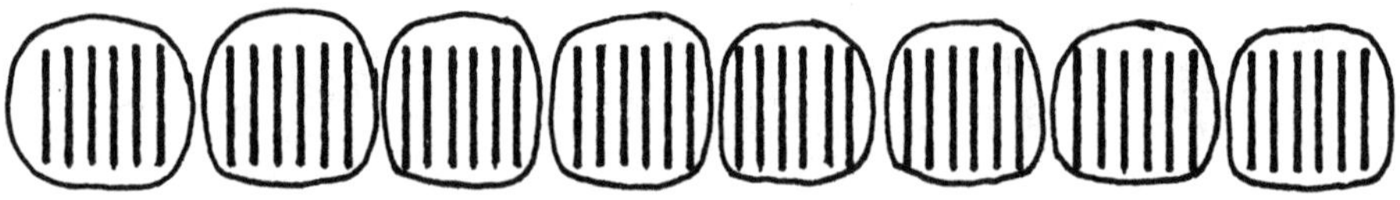

8 · 6 = 48

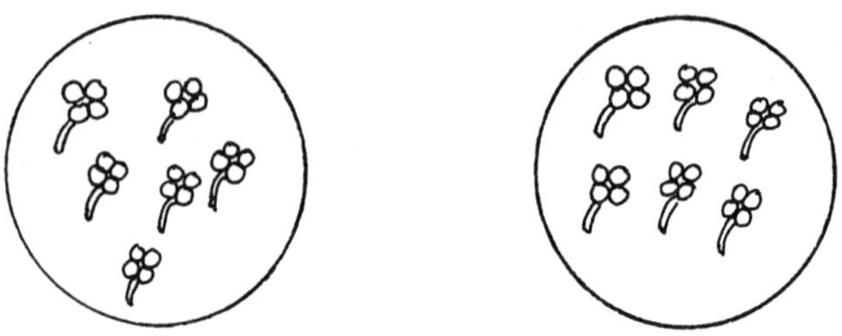

2 · 6 = 12

6 = 1 · 6   6 + 6 = 2 · 6   6 + 6 + 6 = 3 · 6   6 + 6 + 6 + 6 = 4 · 6

6 + 6 + 6 + 6 + 6 + 6 = 6 · 6   6 + 6 + 6 + 6 + 6 + 6 + 6 + 6 = 8 · 6

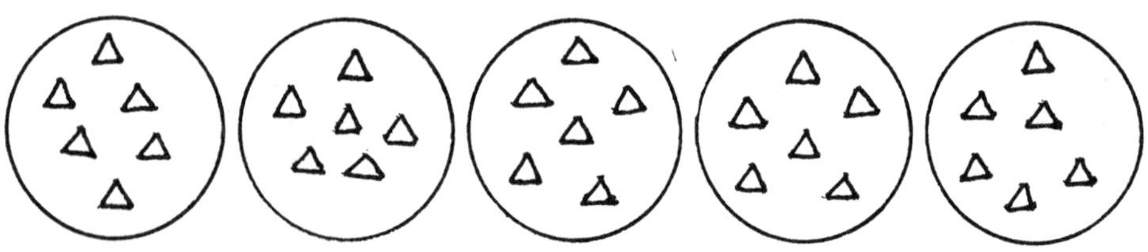

5 · 6 = 30

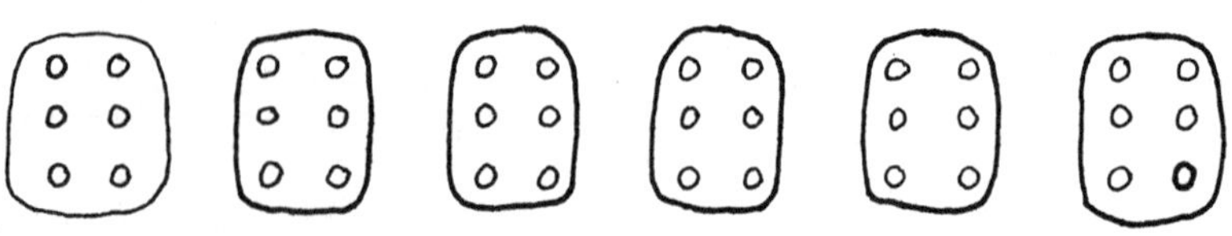

6 · 6 = 36

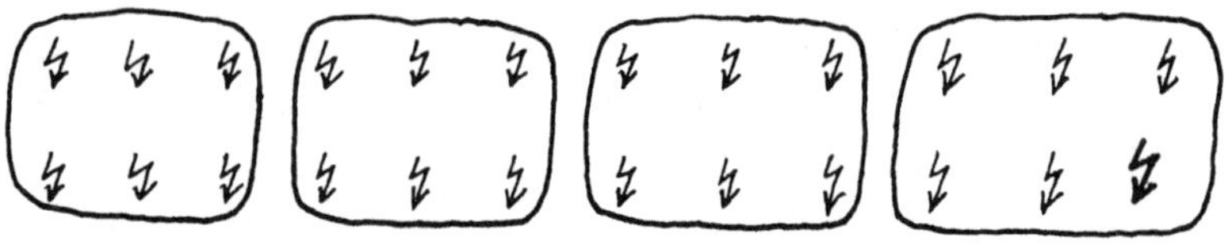

4 · 6 = 24

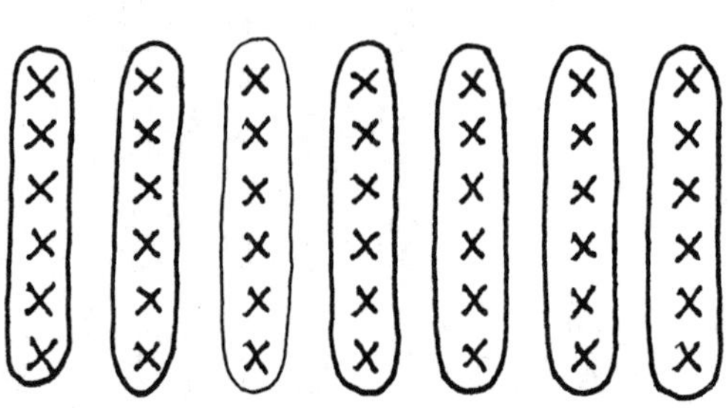

7 · 6 = 42

6 · 6 = 36

7 · 6 = 42

8 · 6 = 48

9 · 6 = 54

10 · 6 = 60

Puzzle

$3 \cdot 6 + 4$ = ____	$9 \cdot 6 - 4$ = ____	$11 \cdot 6 + 7$ = ____	$10 \cdot 6 + 40$ = ____
$3 \cdot 6 - 9$ = ____	$8 \cdot 6 + 2 - 6$ = ____	$9 \cdot 6 + 11$ = ____	$5 \cdot 6 + 27$ = ____
$4 \cdot 6 - 24$ = ____	$6 \cdot 6 - 17$ = ____	$5 \cdot 6 + 5$ = ____	$5 \cdot 6 + 5 \cdot 6$ = ____
$12 \cdot 6 + 9$ = ____	$7 \cdot 6 - 10$ = ____	$4 \cdot 6 - 8$ = ____	$7 \cdot 6 + 13$ = ____

Lösung

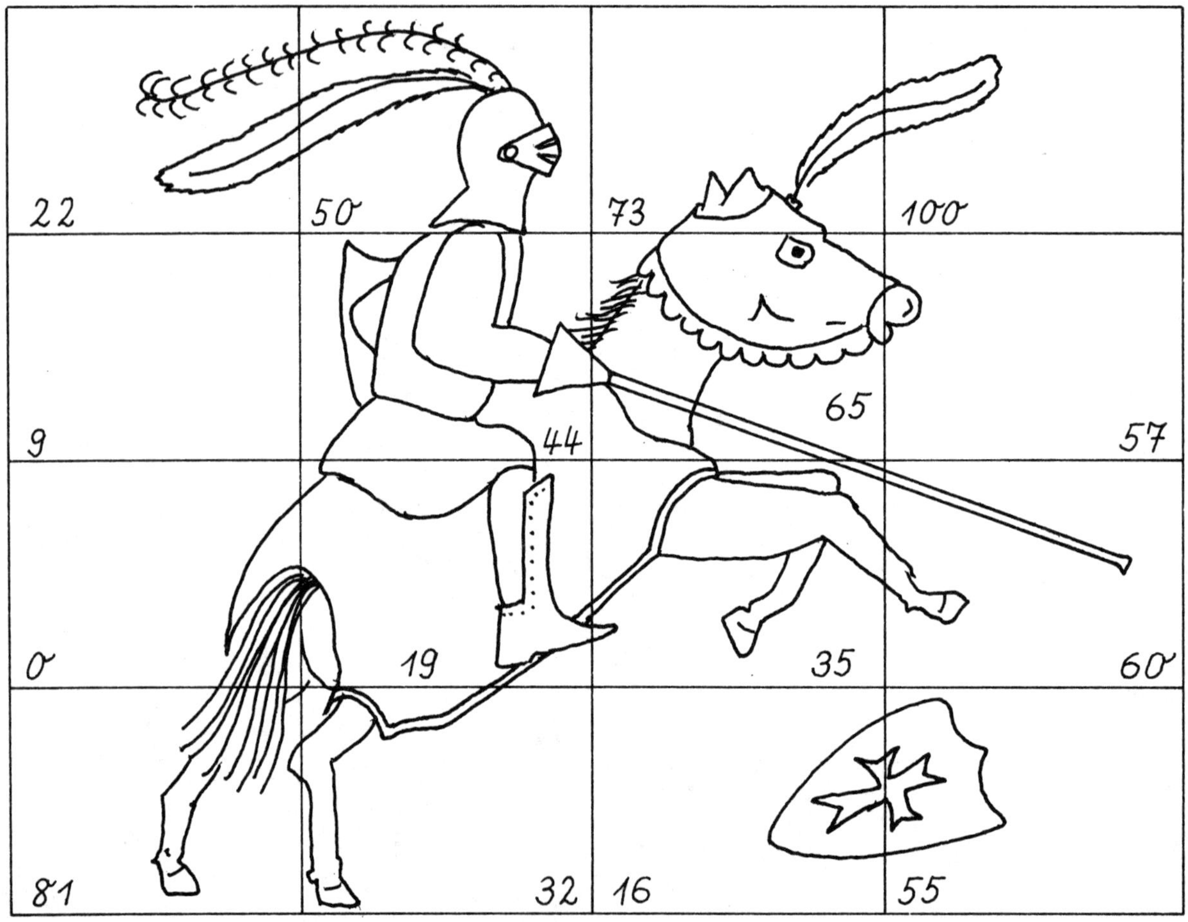

Das Einmaleins mit 9

Gib in jeden Topf 9 Knödel und rechne!

1 · 9 = 9

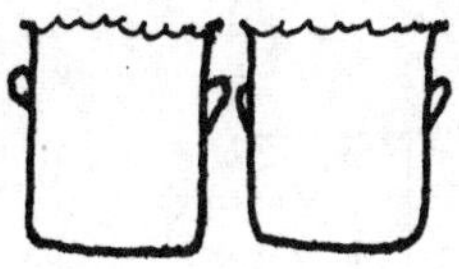

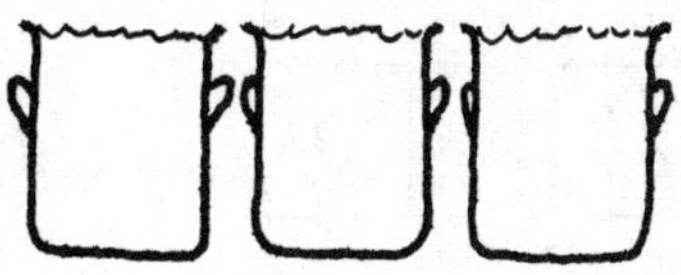

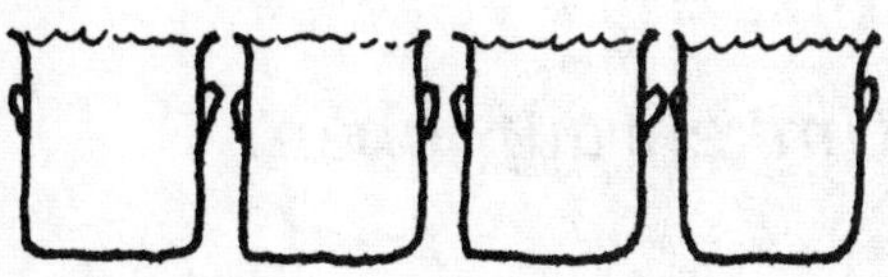

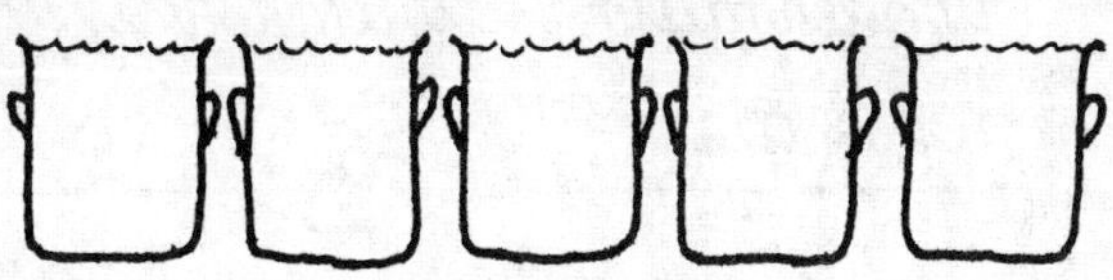

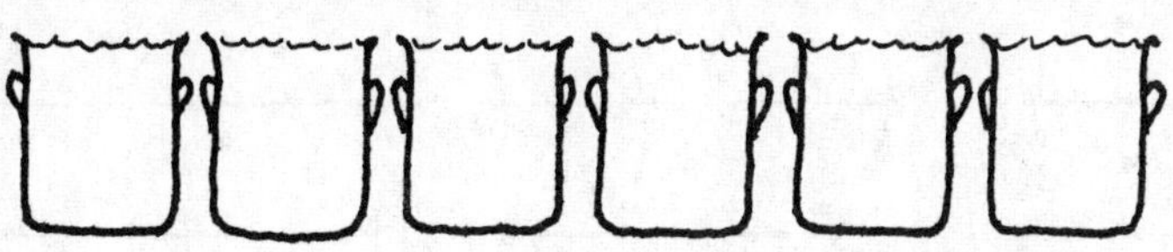

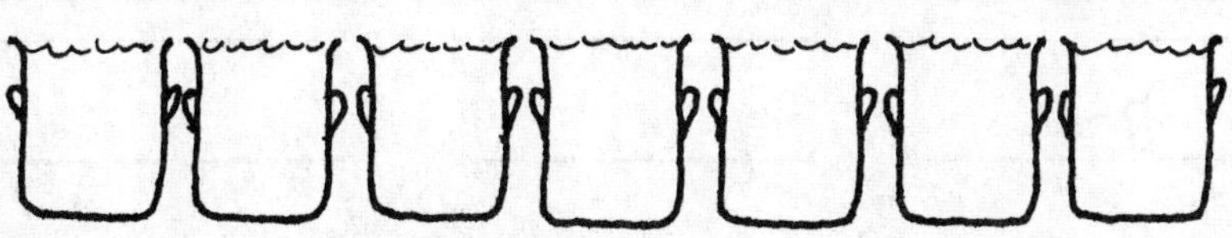

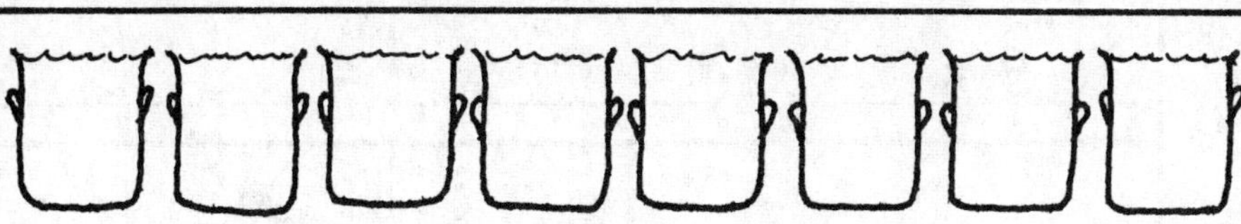

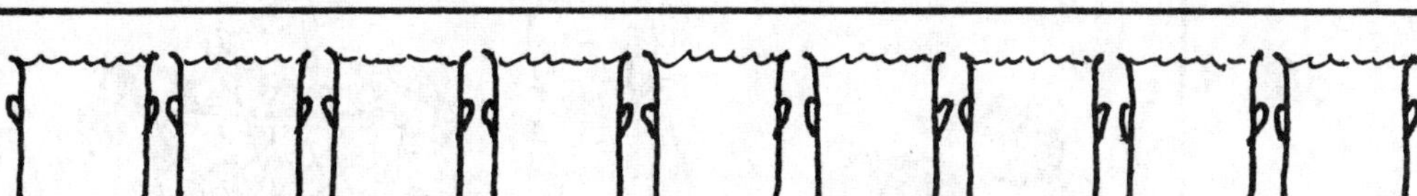

Wenn du fertig bist, darfst du ausmalen!

Kannst du es?

Kreuze die Zahlen des Neuner-Einmaleins an!

~~9~~	83	16	36	90	49	82	63
75	72	55	27	98	45	19	0
67	18	62	81	71	99	24	54

Verbinde richtig!

2 · 9	36
4 · 9	63
7 · 9	27
3 · 9	81
9 · 9	18
5 · 9	72
8 · 9	54
6 · 9	90
10 · 9	45

Rechne auch die Umkehraufgaben!

Aufgabe	1. Umkehraufg.	2. Umkehraufg.
5 · 9 = 45	45 : 9 = 5	45 : 5 = 9
3 · 9 =		
8 · 9 =		
2 · 9 =		
9 · 9 =		
4 · 9 =		
6 · 9 =		
7 · 9 =		

Puzzle

$10 \cdot 9 - 8$ = ____	$6 \cdot 9 + 16$ = ____	$2 \cdot 9 + 7$ = ____	$3 \cdot 9 + 13$ = ____
$4 \cdot 9 - 24$ = ____	$9 \cdot 9 + 6$ = ____	$7 \cdot 9 - 1$ = ____	$10 \cdot 9 + 10$ = ____
$6 \cdot 9 - 5$ = ____	$5 \cdot 9 - 43$ = ____	$2 \cdot 9 + 13$ = ____	$8 \cdot 9 - 6$ = ____
$7 \cdot 9 + 21$ = ____	$1 \cdot 9 + 11$ = ____	$8 \cdot 9 - 26$ = ____	$3 \cdot 9 - 27$ = ____

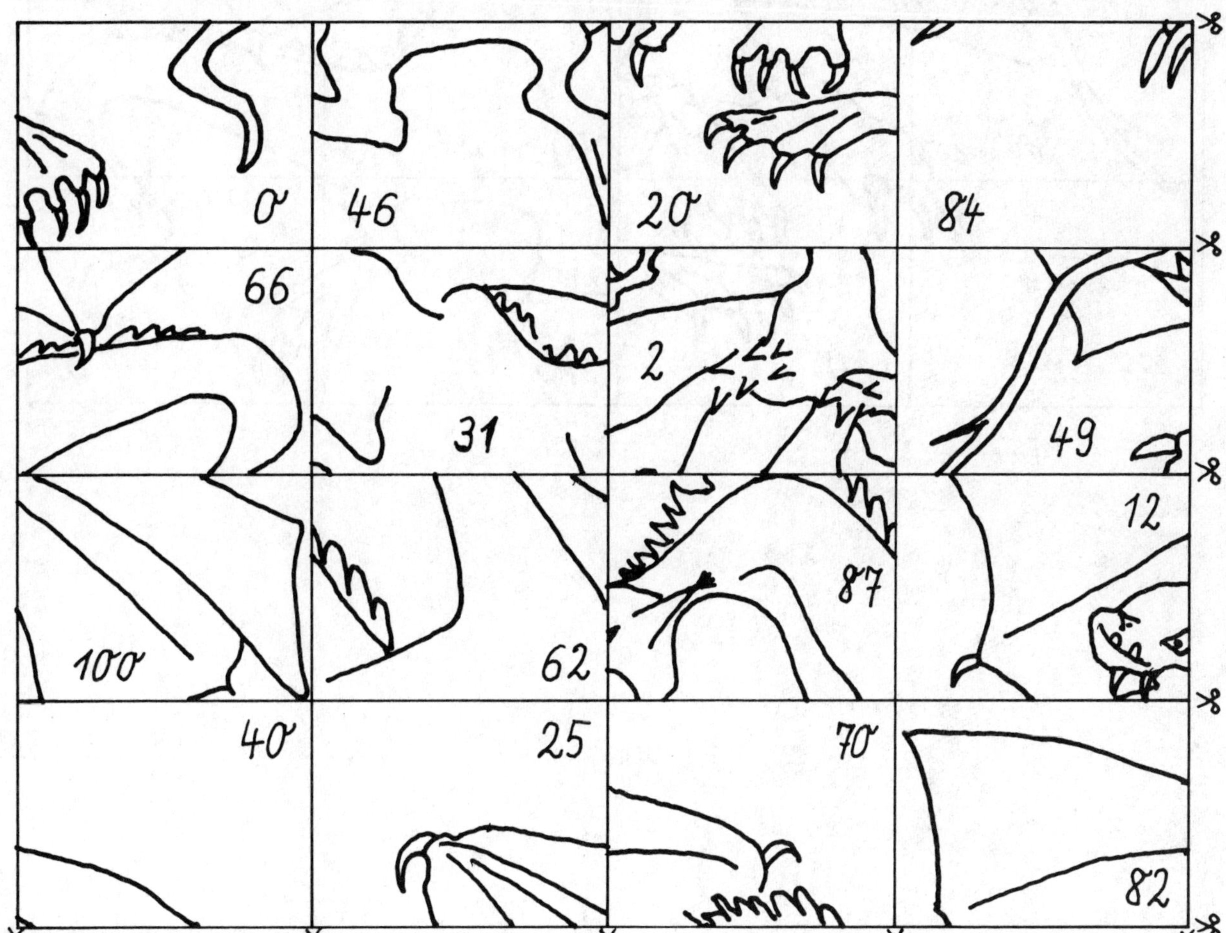

Lösung

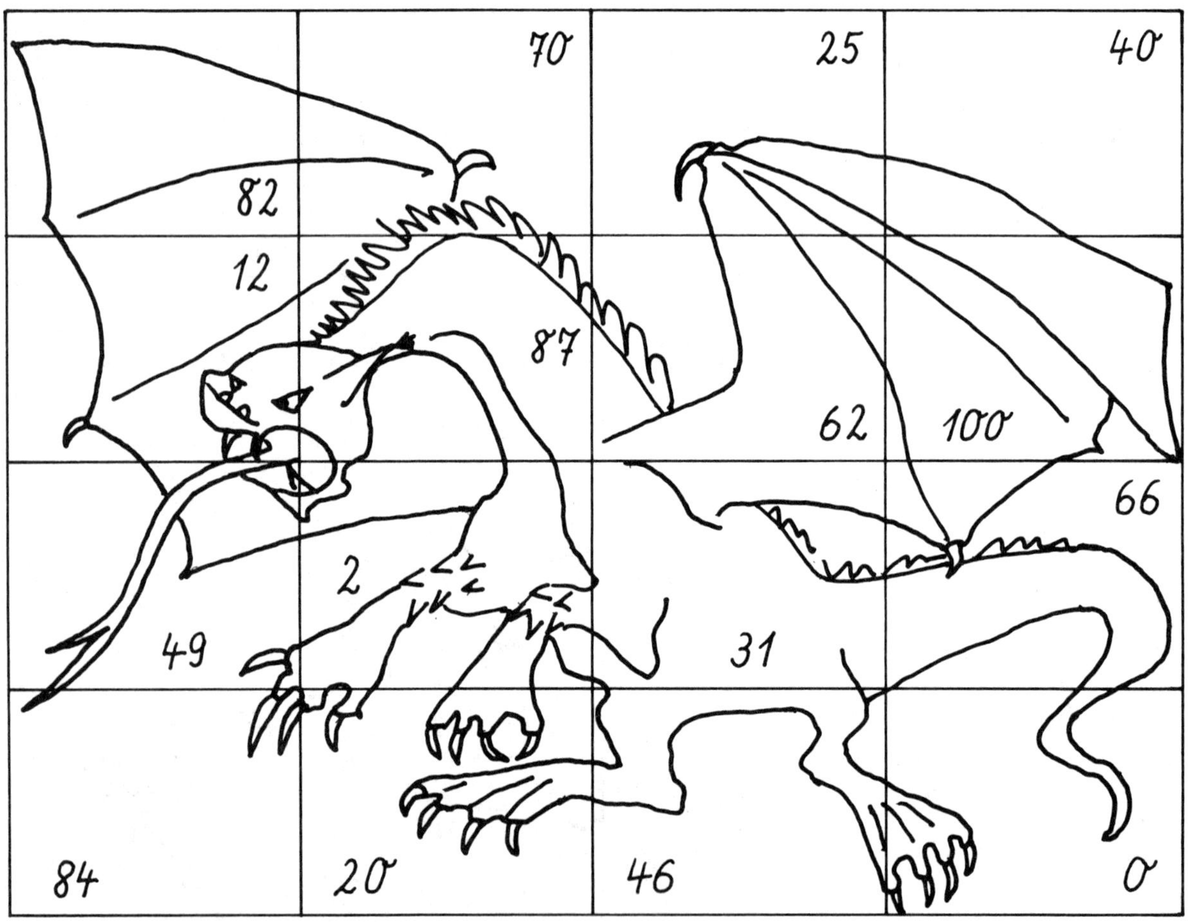

Das Einmaleins mit 7

Umkreise die Zahlen des Siebener-Einmaleins!

1	2	3	4	5	6	7	8	9	10
11	12	13	14	15	16	17	18	19	20
21	22	23	24	25	26	27	28	29	30
31	32	33	34	35	36	37	38	39	40
41	42	43	44	45	46	47	48	49	50
51	52	53	54	55	56	57	58	59	60
61	62	63	64	65	66	67	68	69	70
71	72	73	74	75	76	77	78	79	80
81	82	83	84	85	86	87	88	89	90
91	92	93	94	95	96	97	98	99	100

Rechne auch die Umkehraufgaben!

Aufgabe	1. Umkehraufgabe	2. Umkehraufgabe
2 · 7 = 14	14 : 7 = 2	14 : 2 = 7
5 · 7 =		
8 · 7 =		
3 · 7 =		
	28 : 7 =	
		70 : 10 = 7
· 7 = 42		
	7 : 7 = 1	
	49 : 7 = 7	49 : 7 = 7

Lösung

Das Einmaleins mit 7

Umkreise die Zahlen des Siebener-Einmaleins!

1	2	3	4	5	6	(7)	8	9	10
11	12	13	(14)	15	16	17	18	19	20
(21)	22	23	24	25	26	27	(28)	29	30
31	32	33	34	(35)	36	37	38	39	40
41	(42)	43	44	45	46	47	48	(49)	50
51	52	53	54	55	(56)	57	58	59	60
61	62	(63)	64	65	66	67	68	69	(70)
71	72	73	74	75	76	(77)	78	79	80
81	82	83	(84)	85	86	87	88	89	90
(91)	92	93	94	95	96	97	(98)	99	100

Rechne auch die Umkehraufgaben!

Aufgabe	1. Umkehraufgabe	2. Umkehraufgabe
2 · 7 = 14	14 : 7 = 2	14 : 2 = 7
5 · 7 = 35	35 : 7 = 5	35 : 5 = 7
8 · 7 = 56	56 : 7 = 8	56 : 8 = 7
3 · 7 = 21	21 : 7 = 3	21 : 3 = 7
4 · 7 = 28	28 : 7 = 4	28 : 4 = 7
10 · 7 = 70	70 : 7 = 10	70 : 10 = 7
6 · 7 = 42	42 : 7 = 6	42 : 6 = 7
1 · 7 = 7	7 : 7 = 1	7 : 1 = 7
7 · 7 = 49	49 : 7 = 7	49 : 7 = 7

Das Einmaleins mit 7

Peter hat gekleckst! Hilf ihm!

$3 \cdot 7 = \bigcirc 1$ $\quad$ $\bigcirc \cdot 7 = 7$

$9 \cdot 7 - \bigcirc = 60$

$5 \cdot 7 + \bigcirc = 44$ $\quad$ $\bigcirc \cdot 7 + 1 = 43$

$\bigcirc \cdot 7 - 10 = 46$ $\quad$ $3 \cdot 7 + \bigcirc = 50$

$\bigcirc : 7 = 7$ $\quad$ $100 - 5 \cdot 7 = \bigcirc$

$49 : 7 - \bigcirc = 5$ $\quad$ $38 - \bigcirc = 5 \cdot 7$

$25 = \bigcirc \cdot 7 + 4$ $\quad$ $4 \cdot 7 + \bigcirc = 30$

$10 \cdot 7 - 5 = \bigcirc$ $\quad$ $\bigcirc : 7 + 7 = 14$

$\bigcirc - 2 \cdot 7 = 0$ $\quad$ $93 - 10 \cdot 7 = \bigcirc$

Wie geht es weiter?

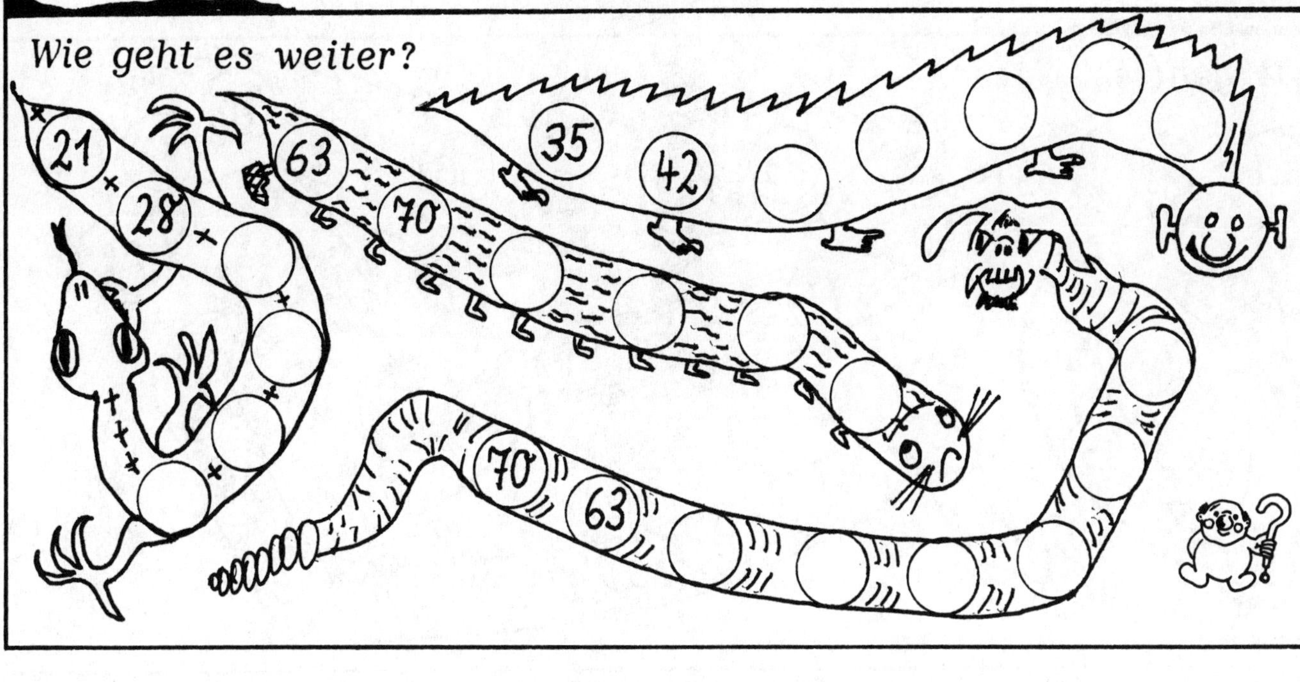

Lösung

Das Einmaleins mit 7

Peter hat gekleckst! Hilf ihm!

$3 \cdot 7 = 21$ $\qquad$ $1 \cdot 7 = 7$

$9 \cdot 7 - 3 = 60$

$5 \cdot 7 + 9 = 44$ $\qquad$ $6 \cdot 7 + 1 = 43$

$8 \cdot 7 - 10 = 46$ $\qquad$ $3 \cdot 7 + 29 = 50$

$49 : 7 = 7$ $\qquad$ $100 - 5 \cdot 7 = 65$

$49 : 7 - 2 = 5$ $\qquad$ $38 - 3 = 5 \cdot 7$

$25 = 3 \cdot 7 + 4$ $\qquad$ $4 \cdot 7 + 2 = 30$

$10 \cdot 7 - 5 = 65$ $\qquad$ $49 : 7 + 7 = 14$

$14 - 2 \cdot 7 = 0$ $\qquad$ $93 - 10 \cdot 7 = 23$

Wie geht es weiter?

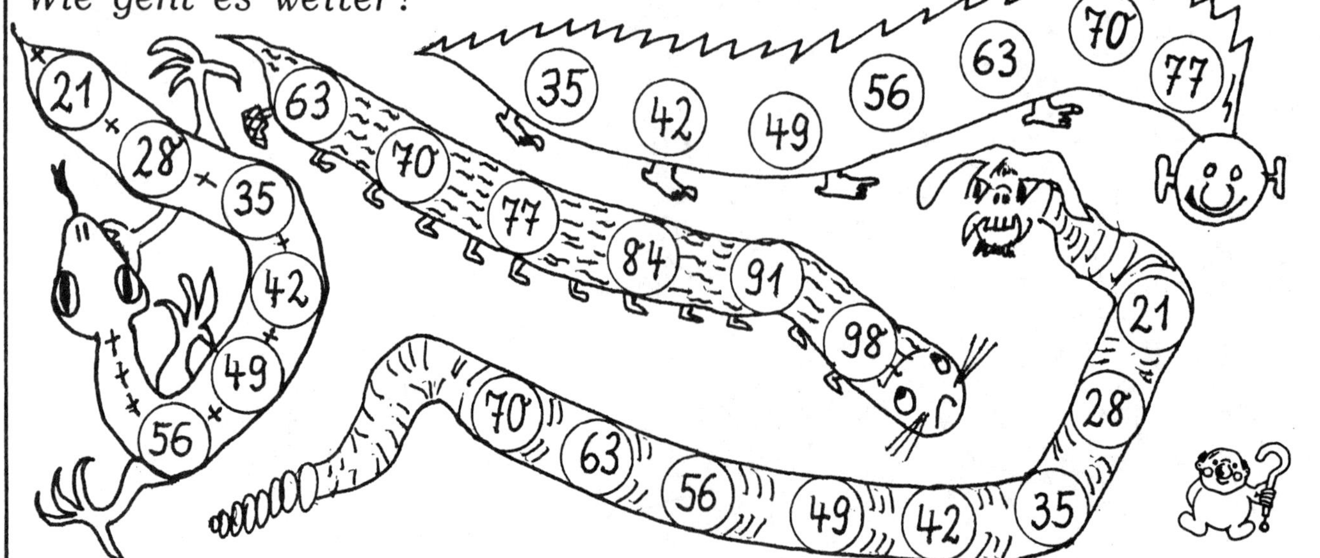

Puzzle

$2 \cdot 7 + 3$ = ____	$9 \cdot 7 - 4$ = ____	$3 \cdot 7 - 20$ = ____	$8 \cdot 7 + 8$ = ____
$11 \cdot 7 + 23$ = ____	$10 \cdot 7 - 10$ = ____	$20 \cdot 7 + 30$ = ____	$6 \cdot 7 - 2$ = ____
$5 \cdot 7 - 6$ = ____	$8 \cdot 7 - 56$ = ____	$1 \cdot 7 + 5$ = ____	$7 \cdot 7 + 2$ = ____
$4 \cdot 7 - 18$ = ____	$2 \cdot 7 + 11$ = ____	$7 \cdot 7 - 2$ = ____	$9 \cdot 7 + 22$ = ____

Lösung

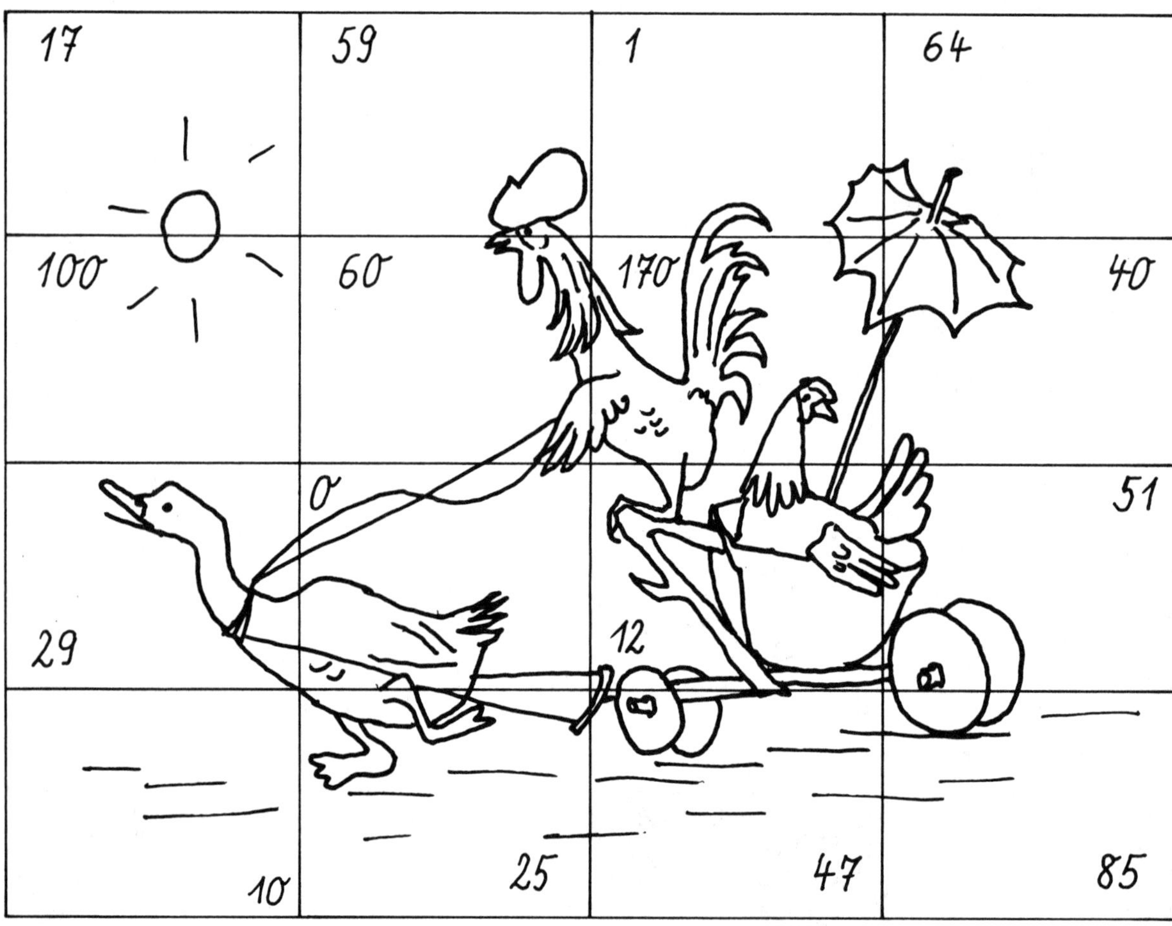

Welche Fische gehören in welche Töpfe?

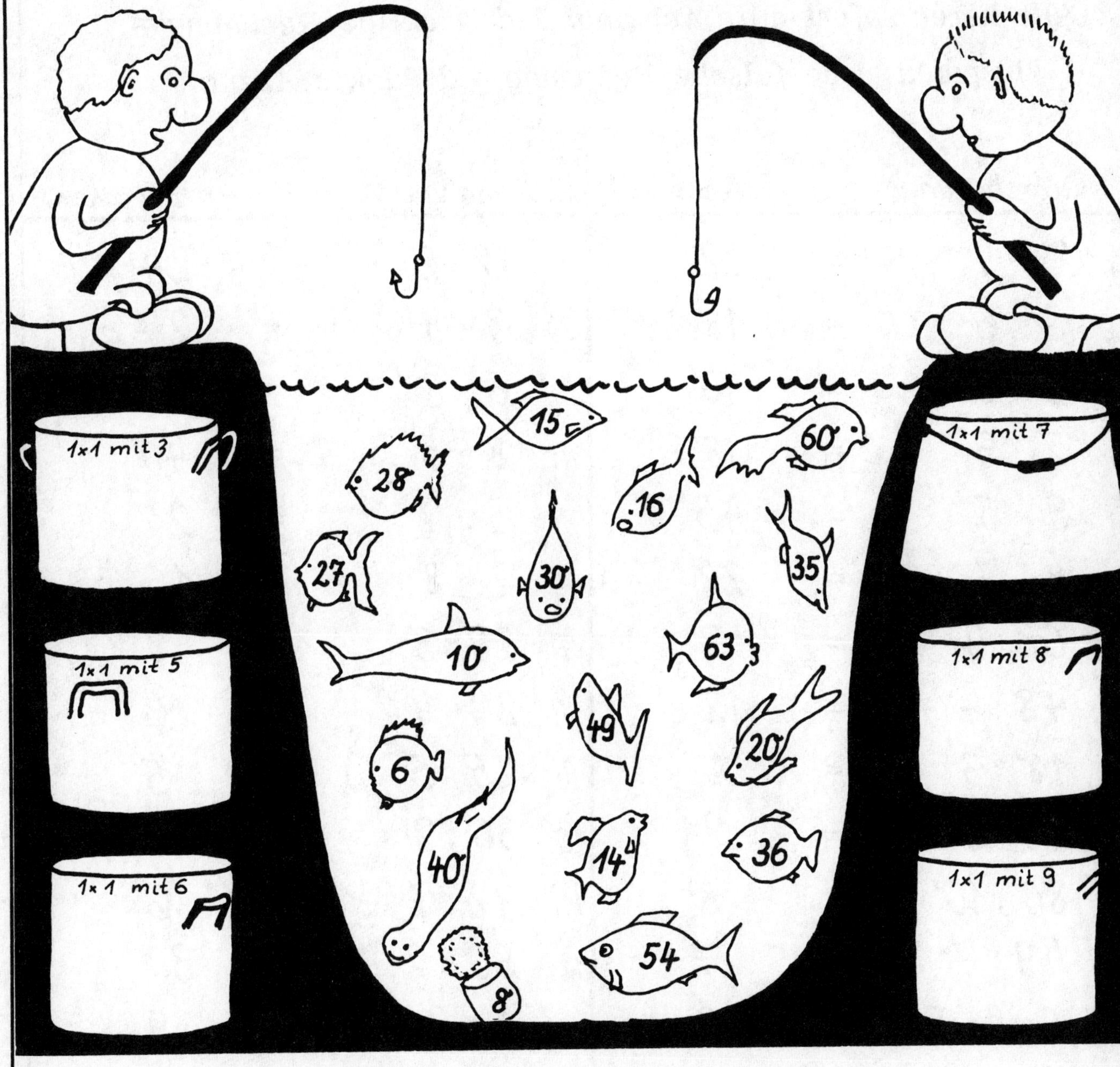

Lösungen:

mit 3: 6, 15, 27, 30, 36, 54, 60, 63
mit 5: 10, 15, 30, 35, 40, 60
mit 6: 6, 30, 36, 54, 60
mit 7: 14, 28, 35, 49, 63
mit 8: 8, 16, 40
mit 9: 27, 36, 54, 63

Wer wird Rechenmeister

Wenn du fertig bist, rufst du: "Aus"!
Alle hören sofort auf. Wertung: Jede richtige Rechnung = 1 Pluspunkt, jede falsche Rechnung = 2 Punkte Abzug.

1. Durchgang		abdecken	2. Durchgang		abdecken
1)	7 · 4 =	28	1)	12 · 2 =	24
2)	3 · 6 =	18	2)	3 · 9 =	27
3)	5 · 8 =	40	3)	6 · 8 =	48
4)	2 · 9 =	18	4)	8 · 5 =	40
5)	9 · 5 =	45	5)	3 · 7 =	21
6)	4 · 7 =	28	6)	2 · 8 =	16
7)	63 : 9 =	7	7)	27 : 3 =	9
8)	48 : 4 =	12	8)	24 : 4 =	6
9)	18 : 3 =	6	9)	25 : 5 =	5
10)	45 : 5 =	9	10)	36 : 9 =	4
11)	80 : 10 =	8	11)	42 : 7 =	6
12)	49 : 7 =	7	12)	60 : 2 =	30
13)	6 · ? = 54	9	13)	5 · ? = 45	9
14)	? · 5 = 15	3	14)	? · 3 = 21	7
15)	9 · ? = 63	7	15)	8 · ? = 72	9
16)	64 : ? = 8	8	16)	20 : ? = 4	5
17)	42 : ? = 7	6	17)	? · 6 = 48	8
18)	? : 9 = 9	81	18)	? : 4 = 24	96

W e t t w ü r f e l n

Spielanleitung:

Jeweils 2 Kinder spielen gegeneinander. Sie sitzen sich gegenüber. Jedes Kind hat einen eigenen Spielplan (A bzw. B).

Gespielt wird mit 3 Würfeln. Wer die höchste Zahl würfelt beginnt.

Gewonnen hat, wer zuerst alle Felder seines Spielplans besetzt hat. (Variante: 20 oder 30 Felder besetzt)

Der erste Spieler würfelt mit allen 3 Würfeln.
Er darf nun entweder 2 Würfel malnehmen und den 3. Würfel dazuzählen oder abziehen
oder 2 Würfel zusammenzählen bzw. voneinander abziehen und dann mit dem 3. Würfel malnehmen.
Das Ergebnis kreuzt der Spieler auf seinem Spielplan an. Nun kommt der 2. Spieler an die Reihe, usw.

Beispiel: Der Spieler würfelt 2 - 3 - 6

Folgende Möglichkeiten kann der Spieler rechnen:

(2 + 3) x 6 = 30	2 x 3 + 6 = 12
(2 + 6) x 3 = 18	2 x 6 + 3 = 15
(3 + 6) x 2 = 18	3 x 6 + 2 = 20
(3 - 2) x 6 = 6	2 x 3 - 6 = 0
(6 - 2) x 3 = 12	2 x 6 - 3 = 9
(6 - 3) x 2 = 6	3 x 6 - 2 = 16

Es versteht sich von selbst, daß der Spieler nur eines dieser Ergebnisse verwenden und auf dem Spielfeld ankreuzen darf. Sind alle Felder schon belegt (angekreuzt) kommt der andere Spieler dran.

B

0	1	2	3	4	5	6	7
8	9	10	11	12	13	14	15
16	17	18	19	20	21	22	23
24	25	26	27	28	29	30	31
32	33	34	35	36	37	38	39
40	41	42	44	45	48	50	54
		55	60	66	72		

A

0	1	2	3	4	5	6	7
8	9	10	11	12	13	14	15
16	17	18	19	20	21	22	23
24	25	26	27	28	29	30	31
32	33	34	35	36	37	38	39
40	41	42	44	45	48	50	54
		55	60	66	72		

W e t t w ü r f e l n

Spielanleitung:

Jeweils 2 Kinder spielen gegeneinander. Sie sitzen sich gegenüber. Jedes Kind hat einen eigenen Spielplan (A bzw. B).

Gespielt wird mit 3 Würfeln. Wer die höchste Zahl würfelt beginnt.

Gewonnen hat, wer zuerst alle Felder seines Spielplans besetzt hat. (Variante: 20 oder 30 Felder besetzt)

Der erste Spieler würfelt mit allen 3 Würfeln.

Er darf nun entweder 2 Würfel malnehmen und den 3. Würfel dazuzählen oder abziehen

oder 2 Würfel zusammenzählen bzw. voneinander abziehen und dann mit dem 3. Würfel malnehmen.

Das Ergebnis kreuzt der Spieler auf seinem Spielplan an. Nun kommt der 2. Spieler an die Reihe, usw.

Beispiel: Der Spieler würfelt 2 - 3 - 6

Folgende Möglichkeiten kann der Spieler rechnen:

(2 + 3) x 6 = 30	2 x 3 + 6 = 12
(2 + 6) x 3 = 18	2 x 6 + 3 = 15
(3 + 6) x 2 = 18	3 x 6 + 2 = 20
(3 - 2) x 6 = 6	2 x 3 - 6 = 0
(6 - 2) x 3 = 12	2 x 6 - 3 = 9
(6 - 3) x 2 = 6	3 x 6 - 2 = 16

Es versteht sich von selbst, daß der Spieler nur eines dieser Ergebnisse verwenden und auf dem Spielfeld ankreuzen darf. Sind alle Felder schon belegt (angekreuzt) kommt der andere Spieler dran.

B

		55	60	66	72		
40	41	42	44	45	48	50	54
32	33	34	35	36	37	38	39
24	25	26	27	28	29	30	31
16	17	18	19	20	21	22	23
8	9	10	11	12	13	14	15
0	1	2	3	4	5	6	7

A

0	1	2	3	4	5	6	7
8	9	10	11	12	13	14	15
16	17	18	19	20	21	22	23
24	25	26	27	28	29	30	31
32	33	34	35	36	37	38	39
40	41	42	44	45	48	50	54
		55	60	66	72		

Puzzle

Frau Müller kauft 7 Paar Strümpfe zu je 8 DM und einen Schal zu 18 DM.	Oma kauft für ihre 5 Enkelkinder Luftballons. Für jedes Kind kauft sie 7 Luftballons.	Ein Warenhaus hat 8 Schaufenster. In jedem Schaufenster stehen 8 Schaufensterpuppen.
6 Kinder gehen in ein Schreibwarengeschäft. Jedes Kind kauft 7 Sticker.	Fritz schneidet eine 54 cm lange Holzleiste in 6 gleichlange Stücke.	Vater gibt seinen 2 älteren Kindern je 6 DM und den 3 jüngeren Kindern je 4 DM Taschengeld.
4 Kinder gehen in eine Gärtnerei. Jedes Kind kauft 7 Blumen zum Muttertag.	Ein Zug hat 8 Anhänger. Auf jedem Anhänger stehen 9 Autos.	Tante Martha schenkt ihren 3 Nichten zusammen 45 DM.
Hansi kauft 4 Kaugummis zu je 20 Pf und Schokolade zu 1DM 20 Pf. Wie viele DM bezahlt er?	Lehrer Hingerl kauft 6 Packungen Buntpapier zu je 4 DM und Tonpapier für 15 DM.	Eine Kuhherde hat 28 Beine. Wie viele Kühe sind das?

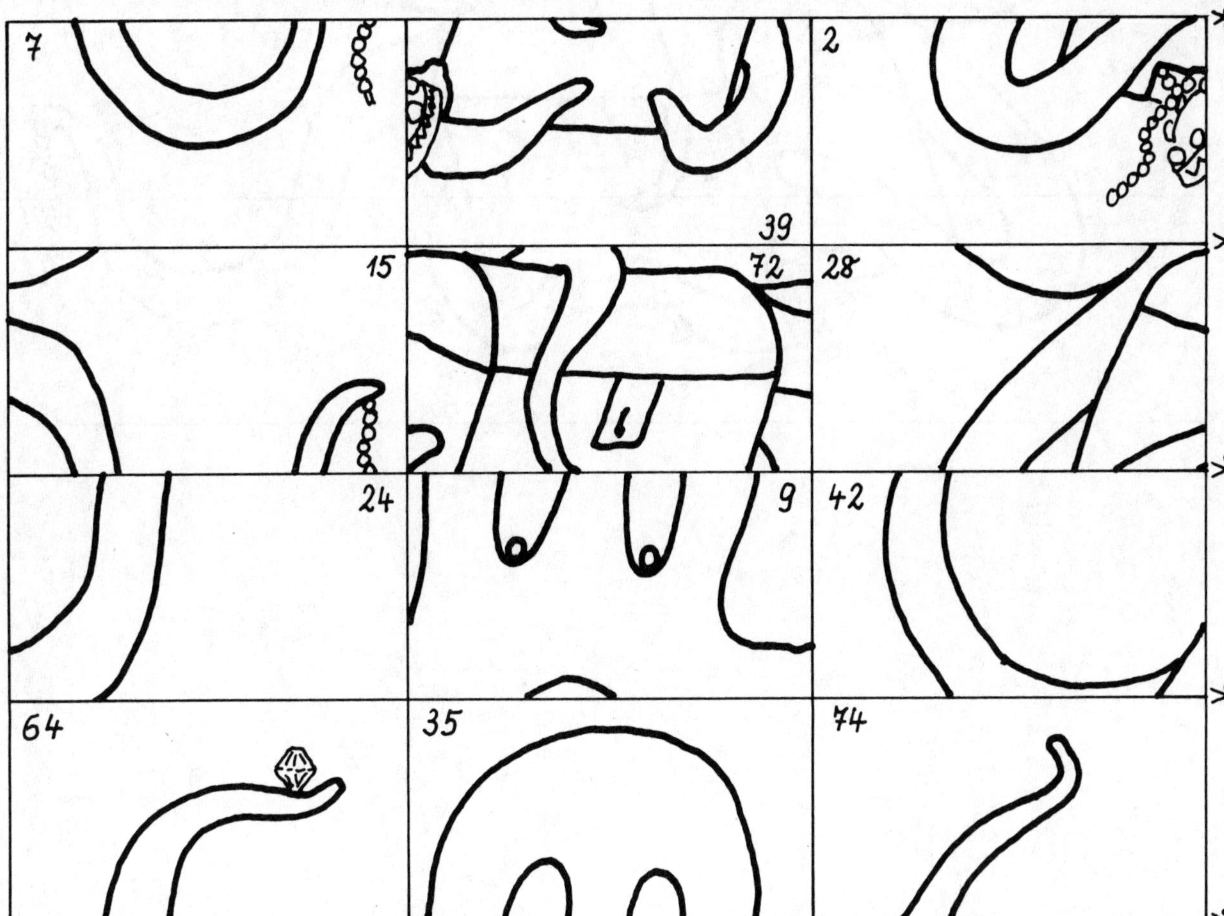

Lösung

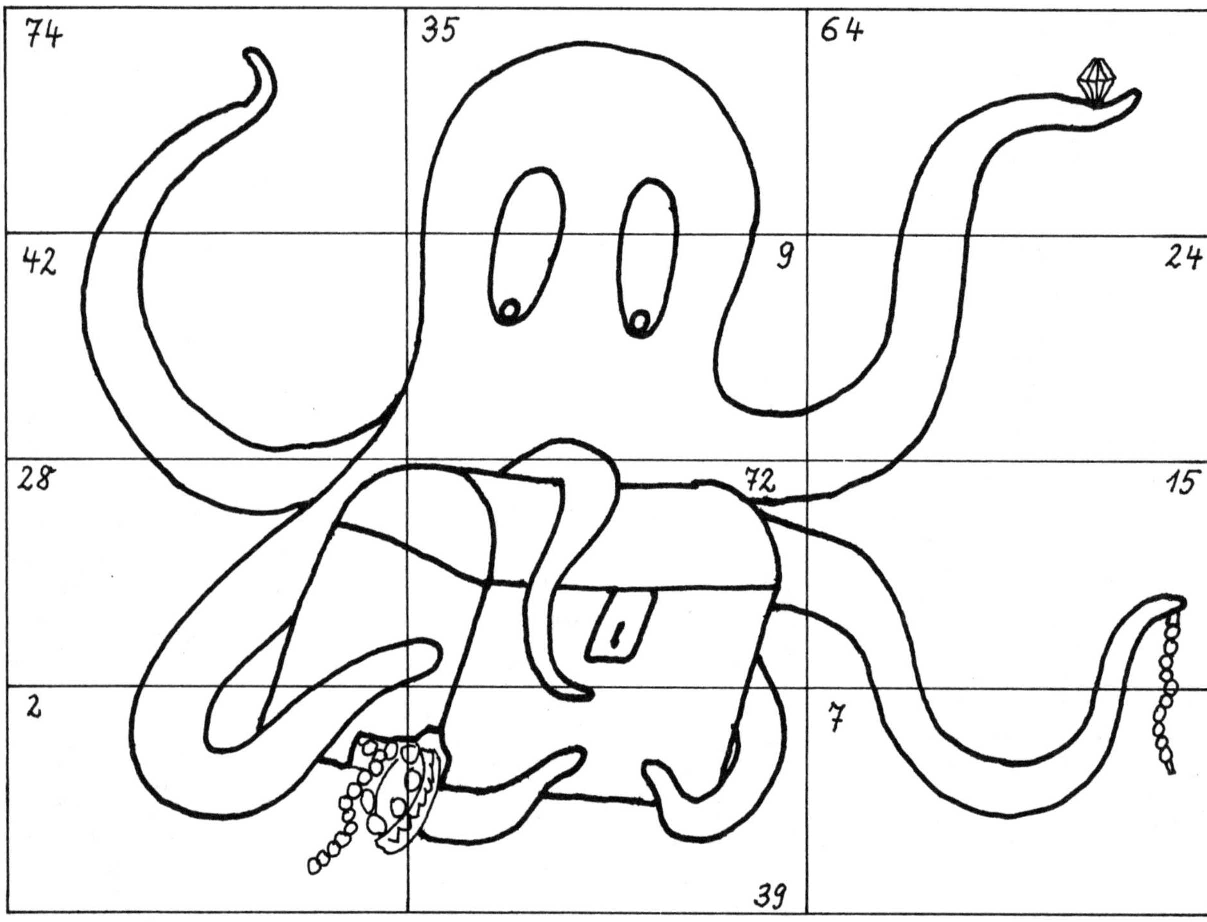

3H 2Z =		
1H 5Z =		
2H 3E =		
9H 3Z 8E =		
6H 1E =		
0H 3Z 5E =		
5H 7Z =		
7H 6E =		
3H 1Z 2E =		
8H 9Z 7E =		
9H 6E =		
5H 1E =		
9H =		
3H 6Z 6E =		
6Z 5E =		
7H 9Z 1E =		
5E 8H =		
2Z 6H =		
1E 2Z 3H =		
5H 5E 9Z =		
8Z 5E 1H =		
7H 7E 5Z =		

Klebe die richtigen Ergebnisse zu den Rechnungen!

Wenn du alle Aufgaben richtig hast bekommst du

501	R
320	d
900	e
150	e
366	c
203	n
65	h
938	♡
791	e
601	g
805	n
35	r
620	o
570	o
321	r
706	ß
595	d
312	e
185	e
897	n
757	n.
906	♡

Lösung

3H 2Z	=	320	d
1H 5Z	=	150	e
2H 3E	=	203	n
9H 3Z 8E	=	938	♡
6H 1E	=	601	g
0H 3Z 5E	=	35	r
5H 7Z	=	570	o
7H 6E	=	706	ß
3H 1Z 2E	=	312	e
8H 9Z 7E	=	897	n
9H 6E	=	906	♡
5H 1E	=	501	R
9H	=	900	e
3H 6Z 6E	=	366	c
6Z 5E	=	65	h
7H 9Z 1E	=	791	e
5E 8H	=	805	n
2Z 6H	=	620	o
1E 2Z 3H	=	321	r
5H 5E 9Z	=	595	d
8Z 5E 1H	=	185	e
7H 7E 5Z	=	757	n.

Klebe die richtigen Ergebnisse zu den Rechnungen!

Wenn du alle Aufgaben richtig hast bekommst du

den großen Rechenorden.

Ergänze das Tausenderblatt!

10							a		
	120								
		230			h				
			340					b	
				450	c				
d					560				e
			g			670		f	
							780		
				j				890	i
	l					k			1000

Wie heißen die Zahlen?

a = _______ g = _______

b = _______ h = _______

c = _______ i = _______

d = _______ j = _______

e = _______ k = _______

f = _______ l = _______

Schau auf das Tausenderblatt und rechne!

190 + 10 = _____	190 − 20 = _____
230 + 20 = _____	230 − 20 = _____
370 + 30 = _____	370 − 40 = _____
450 + 20 = _____	450 − 30 = _____
520 + 40 = _____	520 − 10 = _____
680 + 30 = _____	680 − 60 = _____
710 + 50 = _____	710 − 20 = _____
850 + 50 = _____	850 − 60 = _____

Lösung

Ergänze das Tausenderblatt!

10	20	30	40	50	60	70	a 80	90	100
110	120	130	140	150	160	170	180	190	200
210	220	230	240	250	h 260	270	280	290	300
310	320	330	340	350	360	370	380	b 390	400
410	420	430	440	450	c 460	470	480	490	500
d 510	520	530	540	550	560	570	580	590	e 600
610	620	630	g 640	650	660	670	680	f 690	700
710	720	730	740	750	760	770	780	790	800
810	820	830	840	j 850	860	870	880	890	i 900
910	l 920	930	940	950	960	k 970	980	999	1000

Wie heißen die Zahlen?

a = 80
b = 390
c = 460
d = 510
e = 600
f = 690
g = 640
h = 260
i = 900
j = 850
k = 970
l = 920

Schau auf das Tausenderblatt und rechne!

190 + 10 = 200	190 − 20 = 170
230 + 20 = 250	230 − 20 = 210
370 + 30 = 400	370 − 40 = 330
450 + 20 = 470	450 − 30 = 420
520 + 40 = 560	520 − 10 = 510
680 + 30 = 710	680 − 60 = 620
710 + 50 = 760	710 − 20 = 690
850 + 50 = 900	850 − 60 = 790

Wie heißen die fehlenden Zahlen?

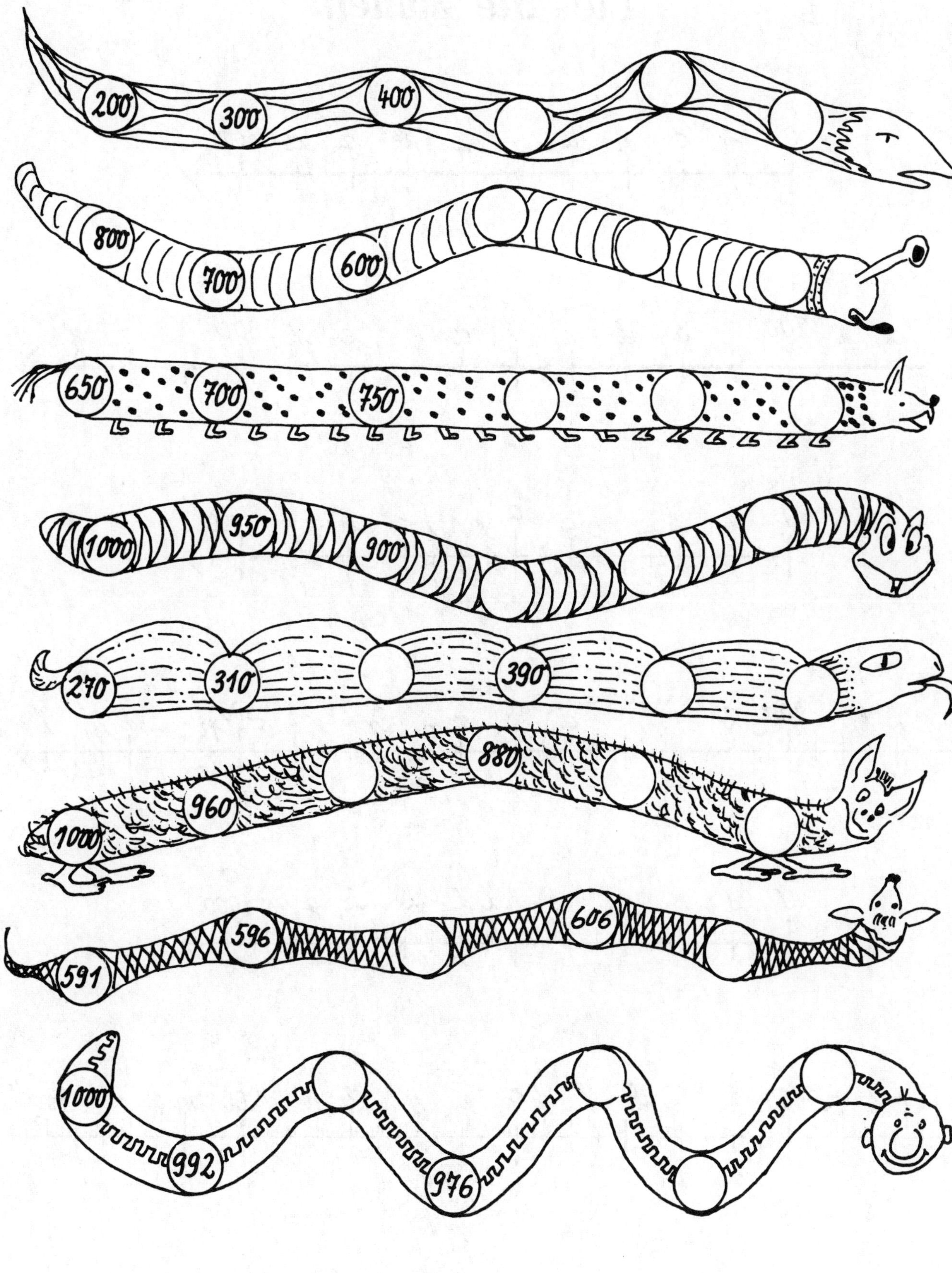

Lies die Zahlen!

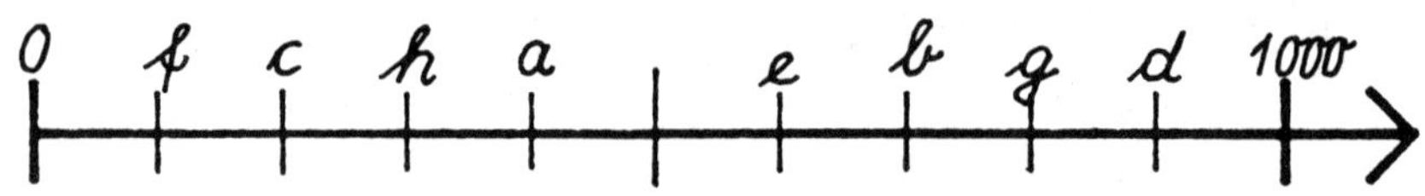

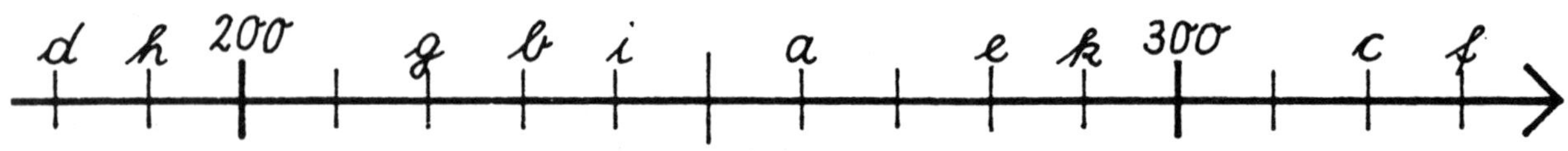

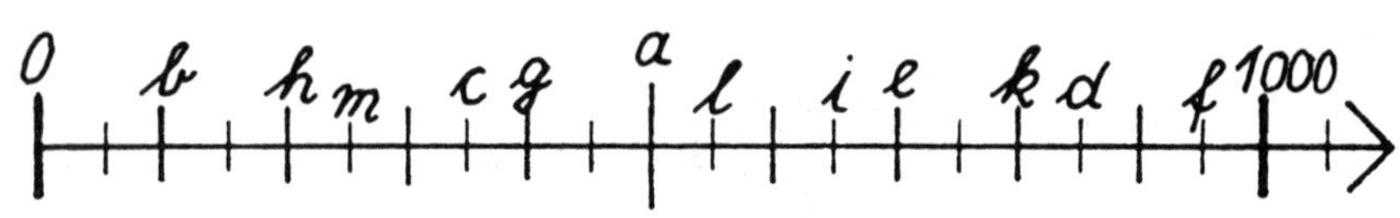

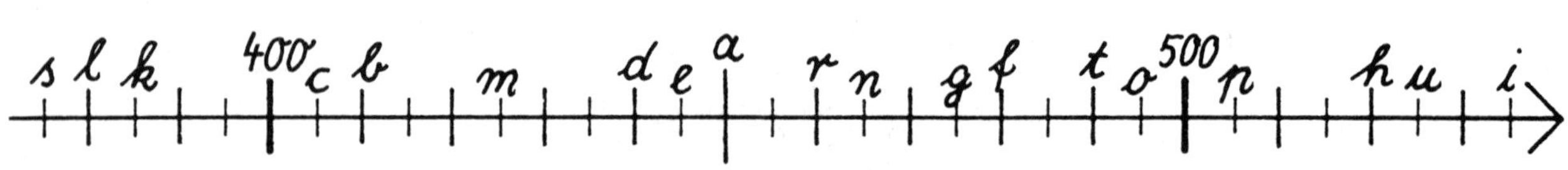

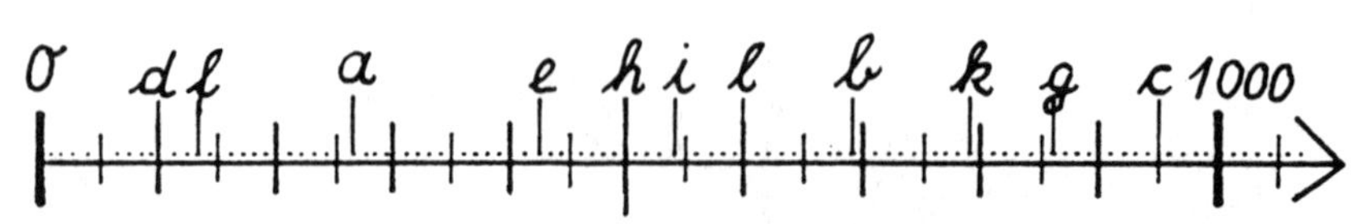

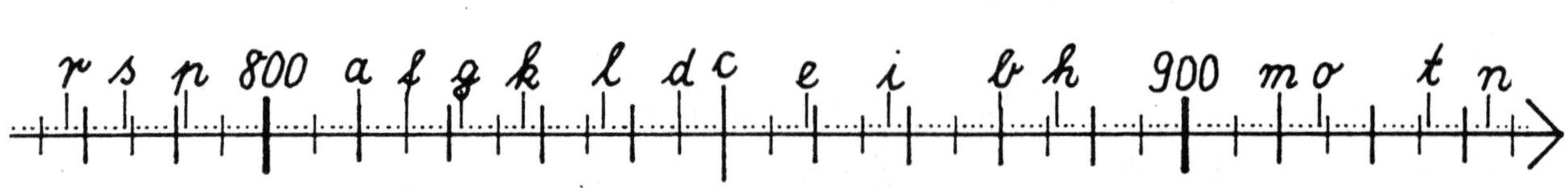

Male die Lösungsfelder grau aus!

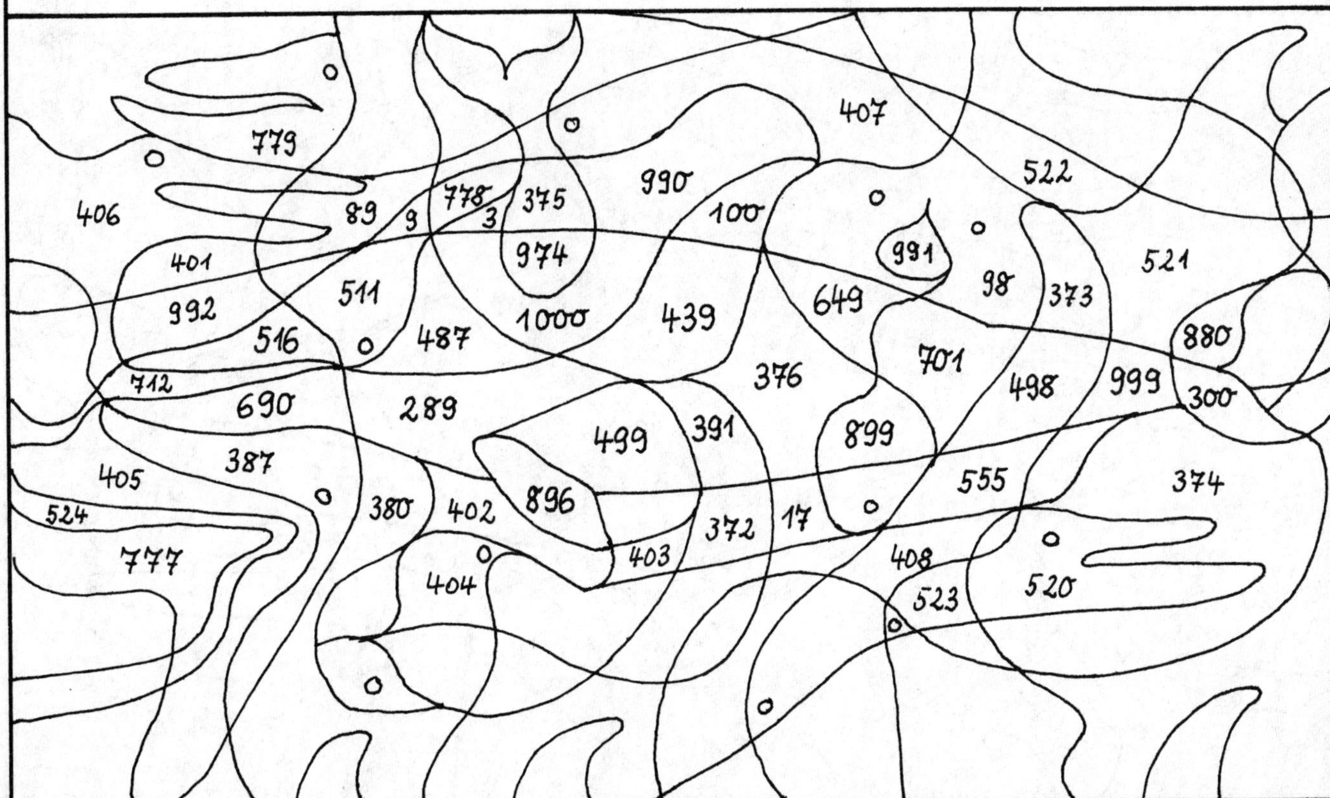

Schreibe die Vorgänger auf!

a) ____ - 517   b) ____ - 897   c) ____ - 392

d) ____ - 499   e) ____ - 650   f) ____ - 290

g) ____ - 900   h) ____ - 440   i) ____ - 500   j) ____ - 1000

Schreibe die Nachfolger auf!

k) 375 - ____   l) 973 - ____   m) 700 - ____

n) 299 - ____   o) 999 - ____   p) 486 - ____

q) 510 - ____   r) 879 - ____   s) 689 - ____   t) 99 - ____

Lösung

Male die Lösungsfelder grau aus!

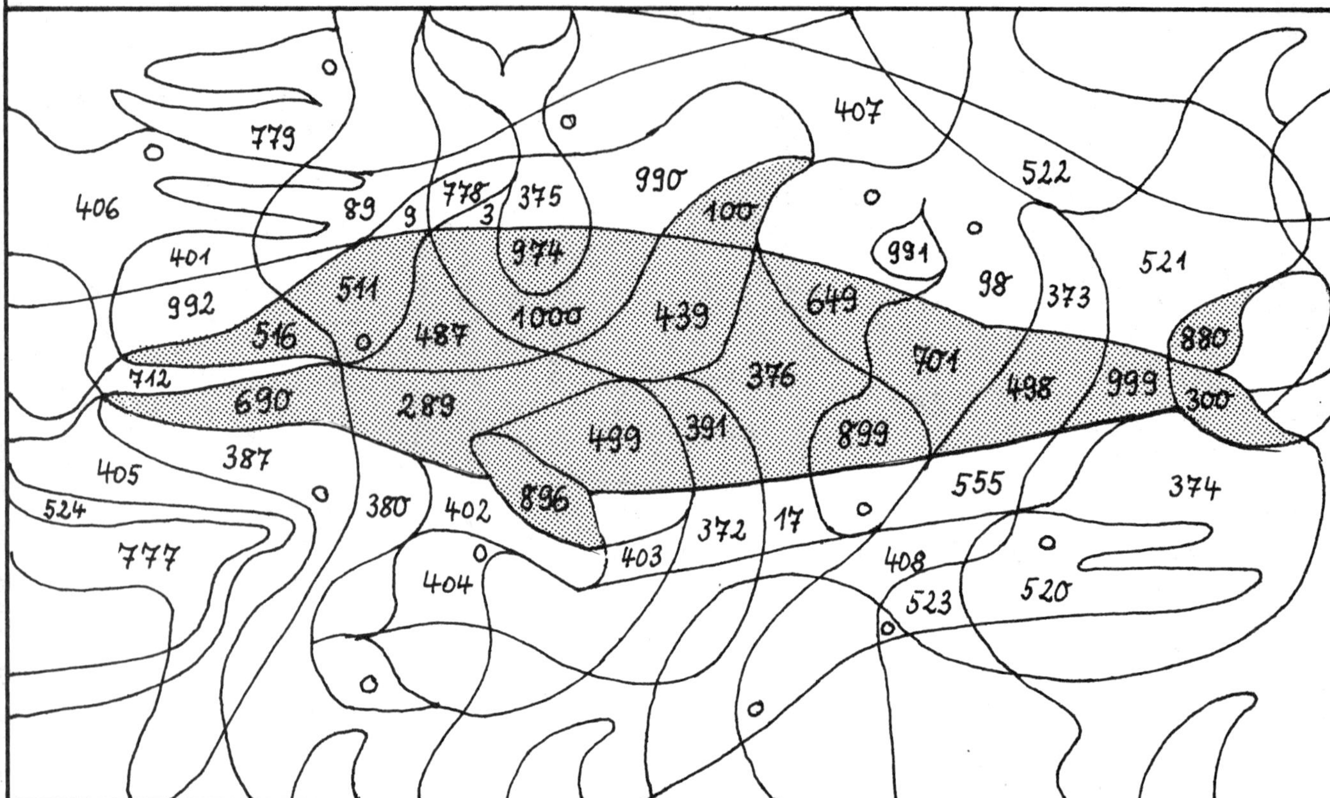

Schreibe die Vorgänger auf!

a) 516 - 517 b) 896 - 897 c) 391 - 392

d) 498 - 499 e) 649 - 650 f) 289 - 290

g) 899 - 900 h) 439 - 440 i) 499 - 500 j) 999 - 1000

Schreibe die Nachfolger auf!

k) 375 - 376 l) 973 - 974 m) 700 - 701

n) 299 - 300 o) 999 - 1000 p) 486 - 487

q) 510 - 511 r) 879 - 880 s) 689 - 690 t) 99 - 100

Der Knulp will zu seiner Frau! Hilf!

Immer 50 dazu!

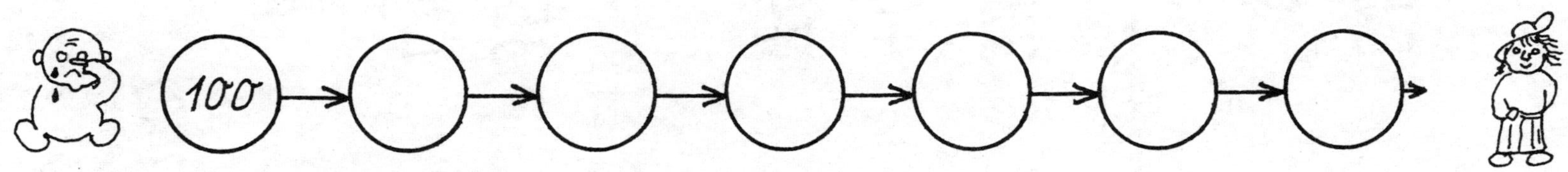

Immer 20 dazu!

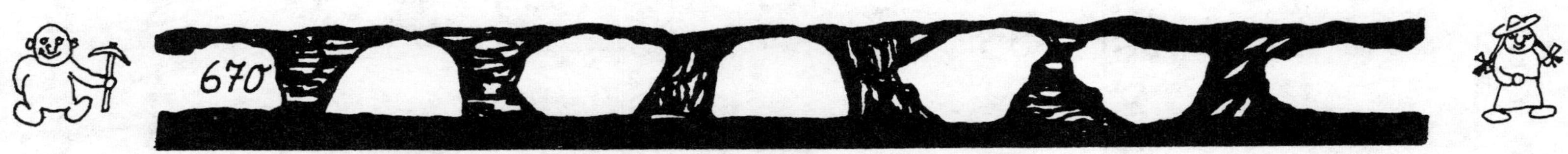

Immer 5 dazu!

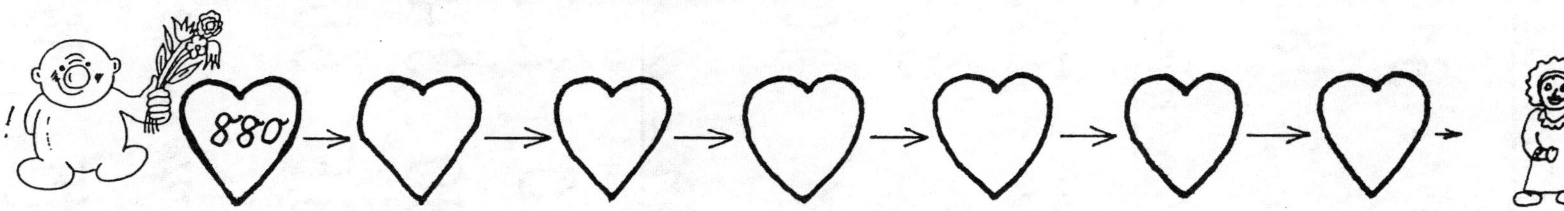

Immer 100 weg!

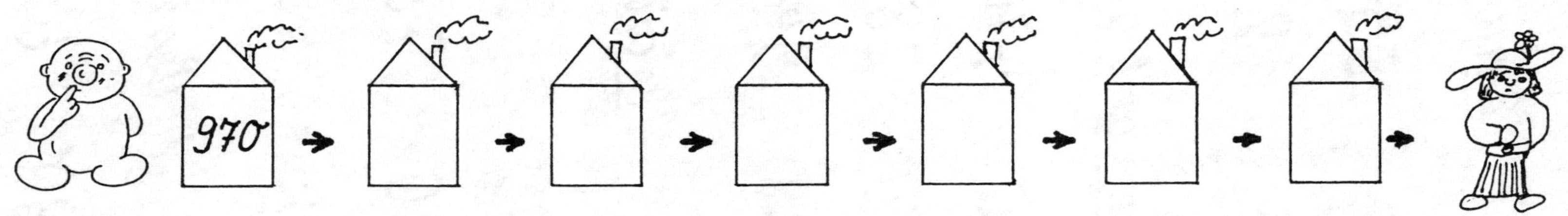

Immer 30 weg!

Ergänze auf 100

30	70	85	91	81	55
25	46	12	18	37	7

Ergänze auf den nächsten Hunderter

220	610	470	790	940	330
150	500	285	391	525	405
683	838	941	407	653	744

Ergänze auf 1000

850	600	450	150	750	350
290	510	780	340	910	430
349	605	485	555	817	85

Vermindere auf 100 (200)

250	490	615	370	590	725
919	811	583	746	401	209
888	1000	396	454	787	304

Puzzle

200 + 400 = ______	300 + 500 = ______	100 + 800 = ______	250 + 150 = ______
150 + 350 = ______	40 + 260 = ______	310 + 390 = ______	550 + 450 = ______
850 − 650 = ______	570 − 470 = ______	630 − 80 = ______	500 − 250 = ______
730 − 70 = ______	380 + 190 = ______	1000 − 580 = ______	730 − 190 = ______

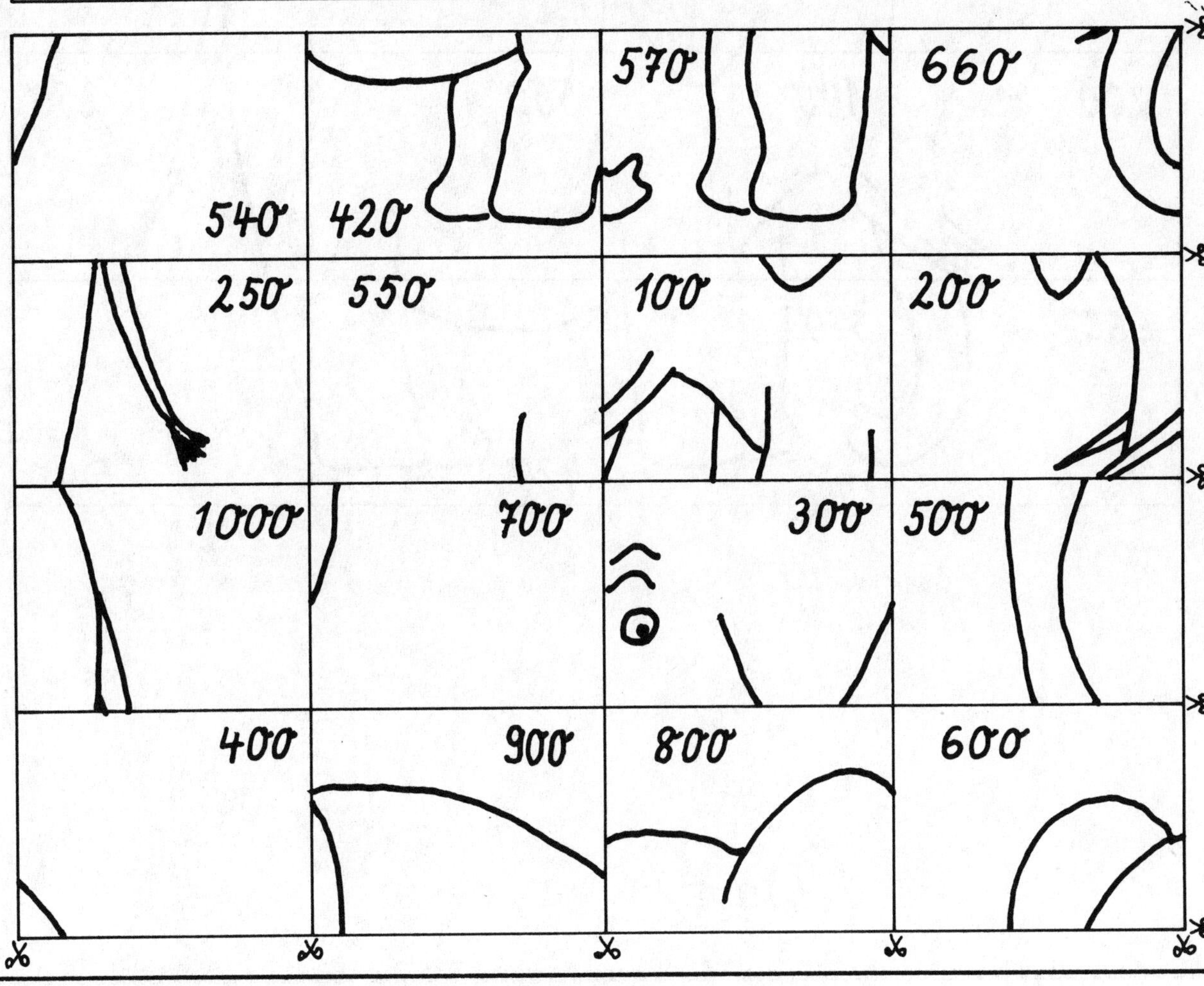

Lösung

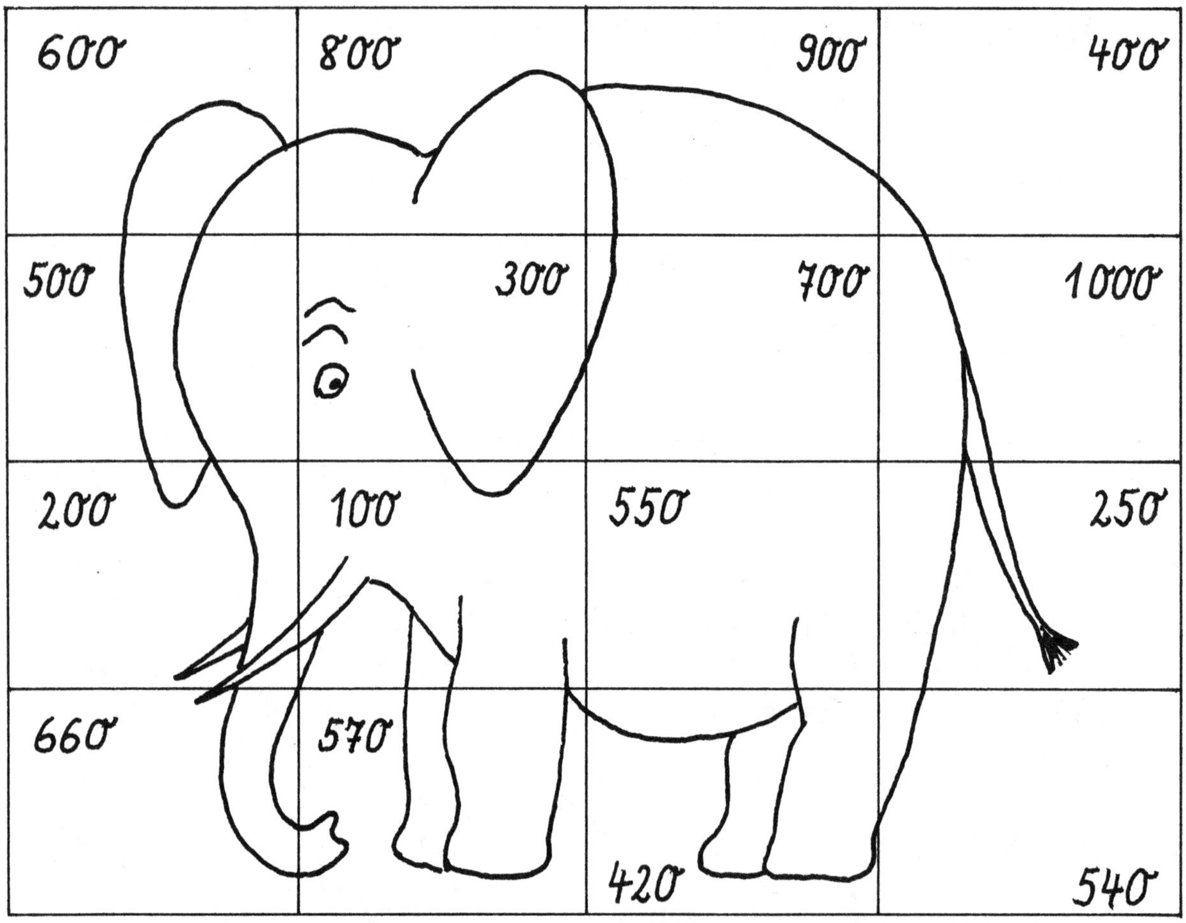

Schneide die Streifen aus, klebe sie geordnet auf und rechne!

	____	280	=	+	40	+	20
____	=		310	70	+	90	+
	____	140	=	+	460	+	370
____	=		250	80	+	350	+
	____	710	=	+	200	+	90
____	=		260	380	+	240	+
	____	390	=	+	420	+	210
____	=		310	680	+	90	+

Lösung

280	+	40	+	20	=	340	
	90	+	70	+	310	=	470
140	+	460	+	370	=	970	
	350	+	80	+	250	=	680
710	+	200	+	90	=	1000	
	240	+	380	+	260	=	880
390	+	420	+	210	=	1020	
	90	+	680	+	310	=	1080

Schneide die Streifen aus, klebe sie geordnet auf und rechne!

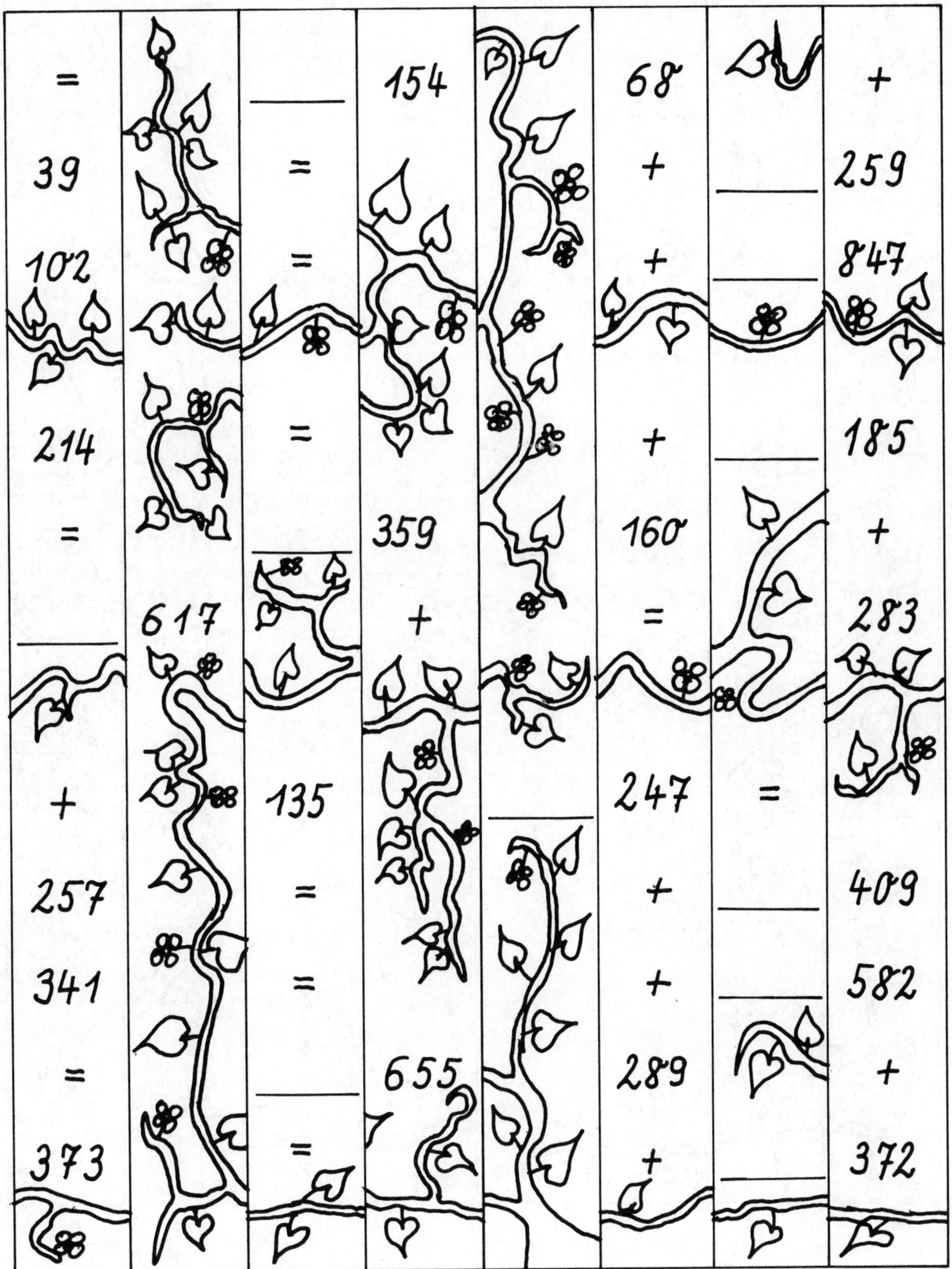

Lösung

	154	+	68	=	222		
		259	+	39	=	298	
		847	+	102	=	949	
		185	+	214	=	399	
	359	+	160	=	519		
617	+	283	=	900			
			247	+	135	=	382
		409	+	257	=	666	
		582	+	341	=	923	
	655	+	289	=	944		
		372	+	373	=	745	

Puzzle

35 + 22 =	23 + 66 =	14 + 44 =	19 + 80 =
16 + 43 =	242 + 157 =	624 + 162 =	298 + 701 =
356 + 42 =	13 + 575 =	222 + 567 =	116 + 802 =
102 + 254 =	891 + 8 =	345 + 324 =	271 + 528 =

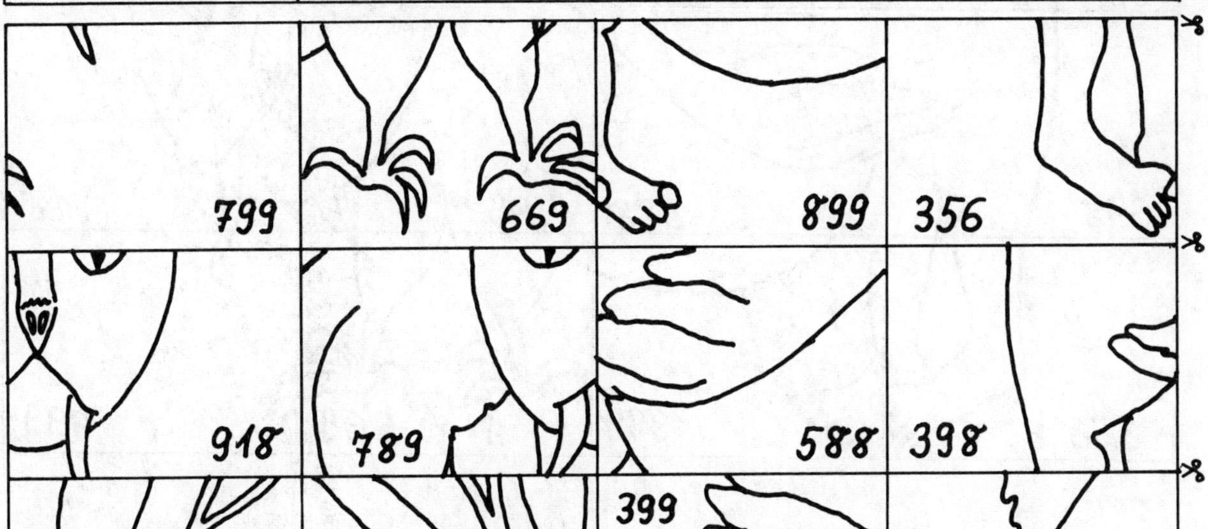

Lösung

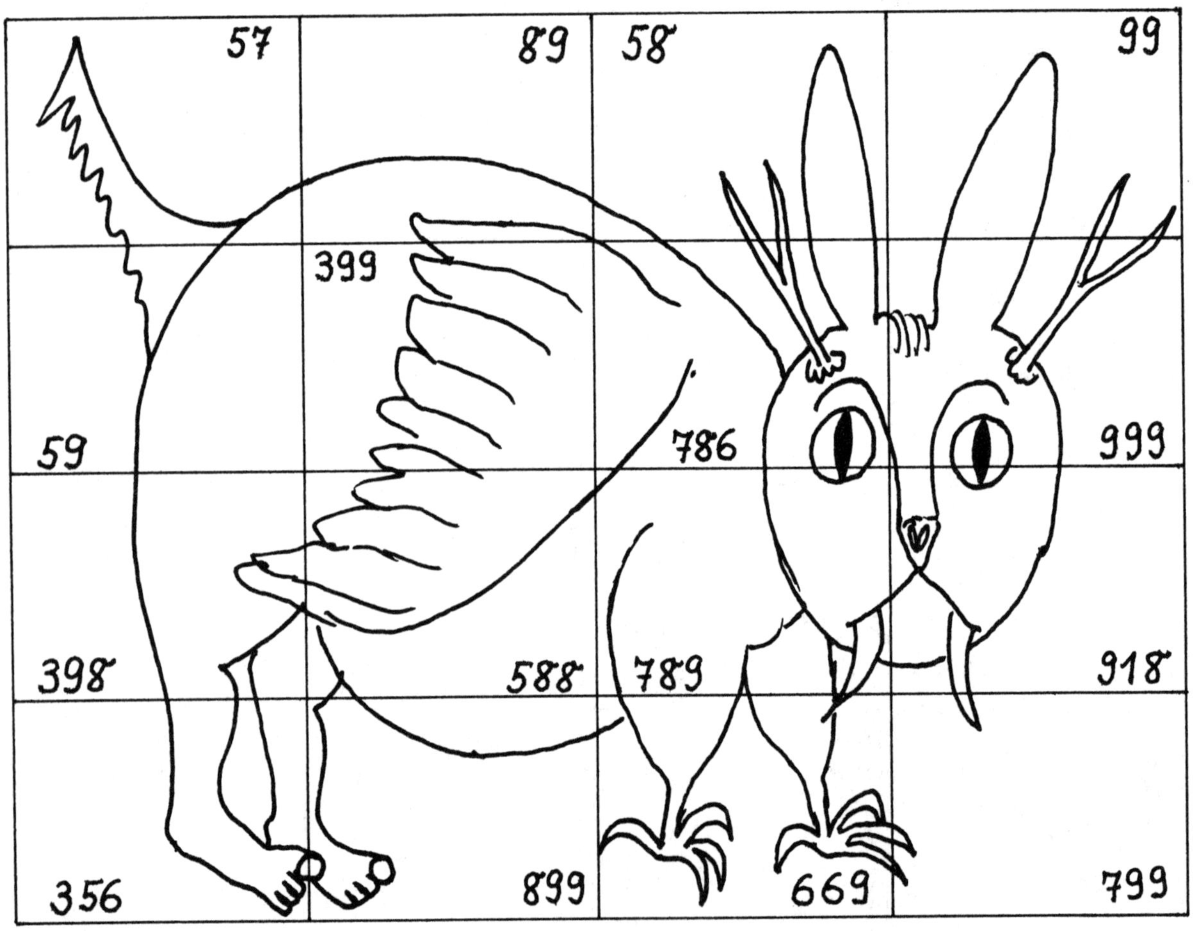

Puzzle

77 + 77	81 + 95	115 + 293	604 + 288
123 + 567	205 + 695	344 + 395	276 + 695
333 + 177	598 + 88	59 + 487	479 + 521
109 + 191	207 + 595	666 + 307	999 + 999

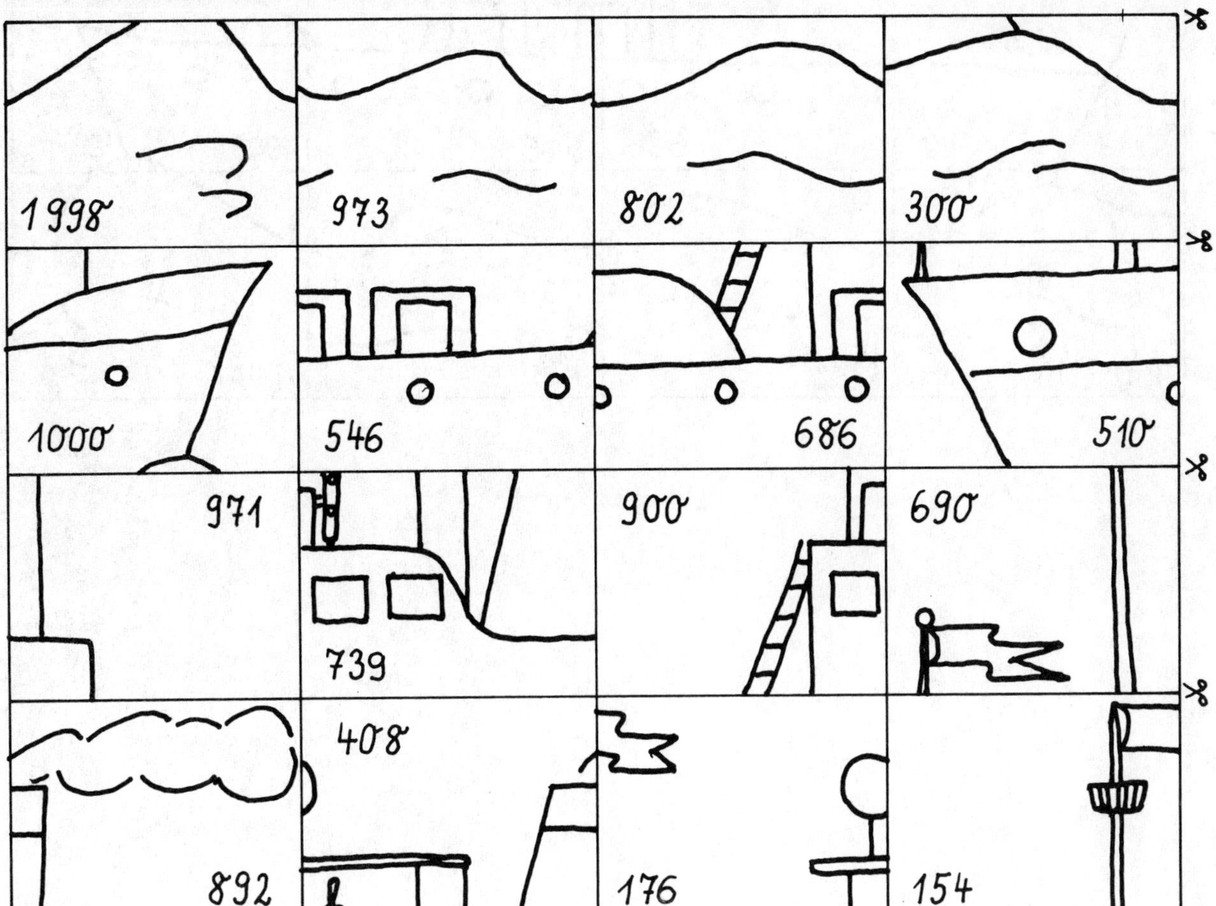

Lösung

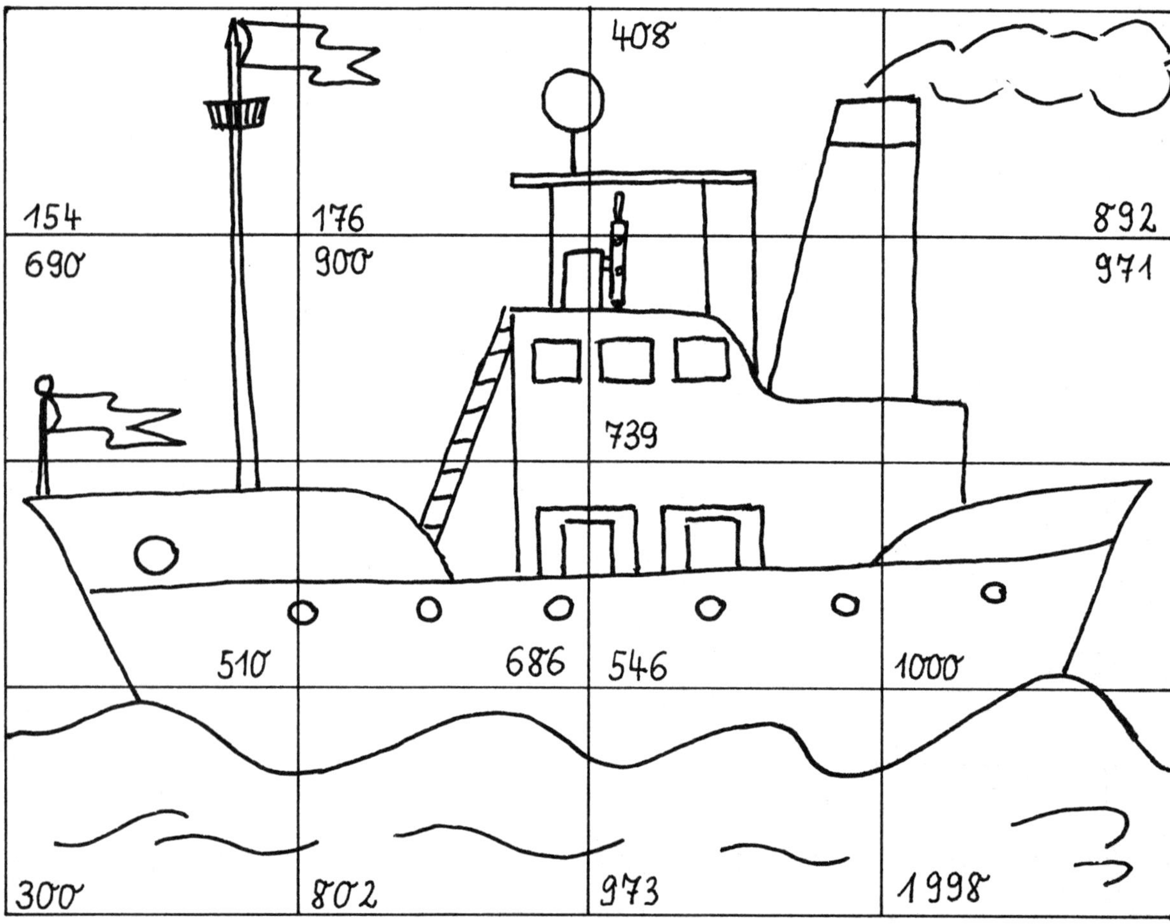
408
154
176
892
690
900
971
739
510
686
546
1000
300
802
973
1998

Zähle die Zahlen auf den beiden Luftballons jedes Zwerges zusammen !

HORSTI ROBBI SCOTTI ROLFI

Lösung

Zähle die Zahlen auf den Luftballons jedes Zwerges zusammen !

HORSTI	ROBBI	SCOTTI	ROLFI
509	476	385	477
+ 386	+ 166	+ 317	+ 298
1	11	11	11
895	642	702	775

Puzzle

43 72 + 56	12 24 + 36	179 214 + 380	225 252 + 452
195 78 + 304	666 222 + 112	298 70 + 9	581 212 + 174
99 199 + 299	707 170 + 77	253 291 + 209	600 172 + 129

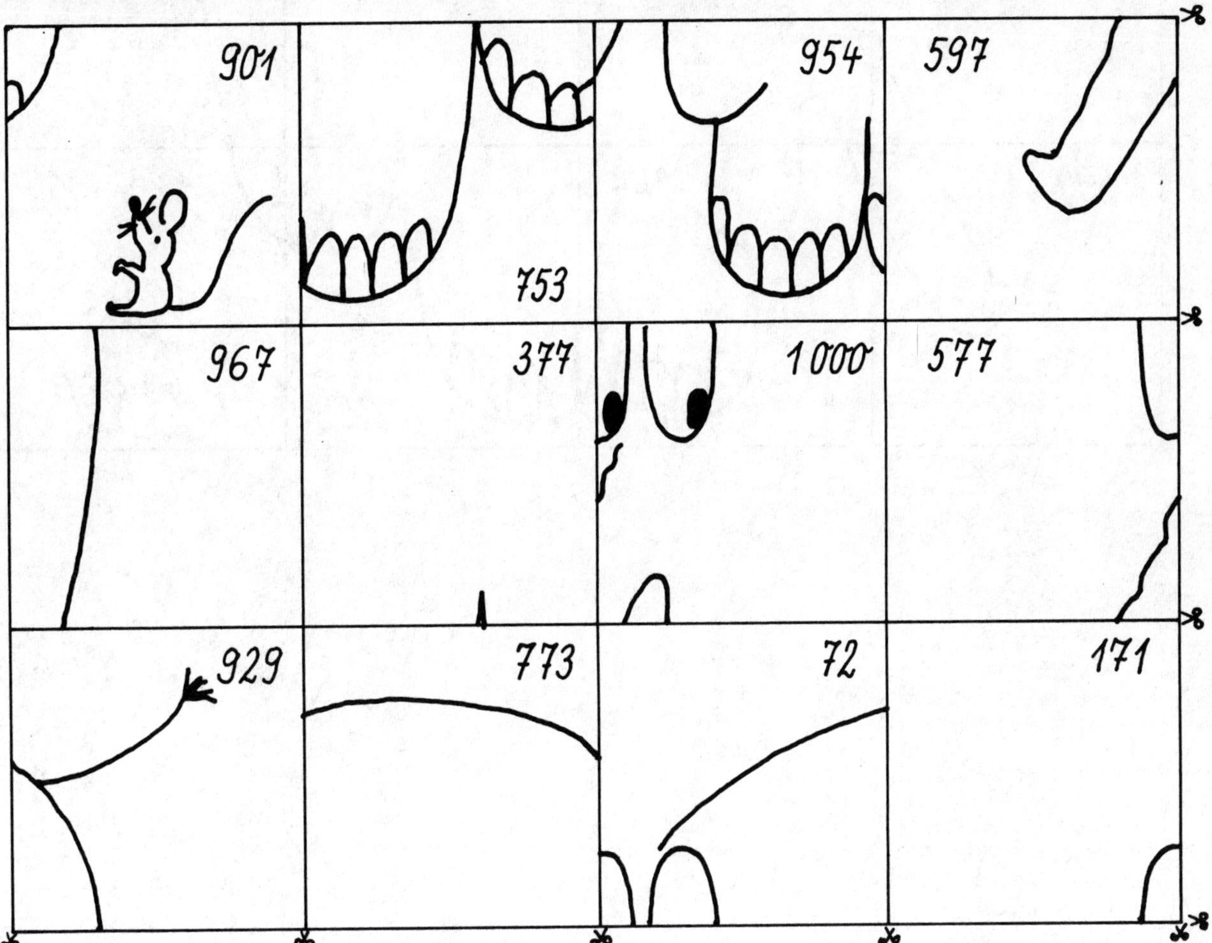

Lösung

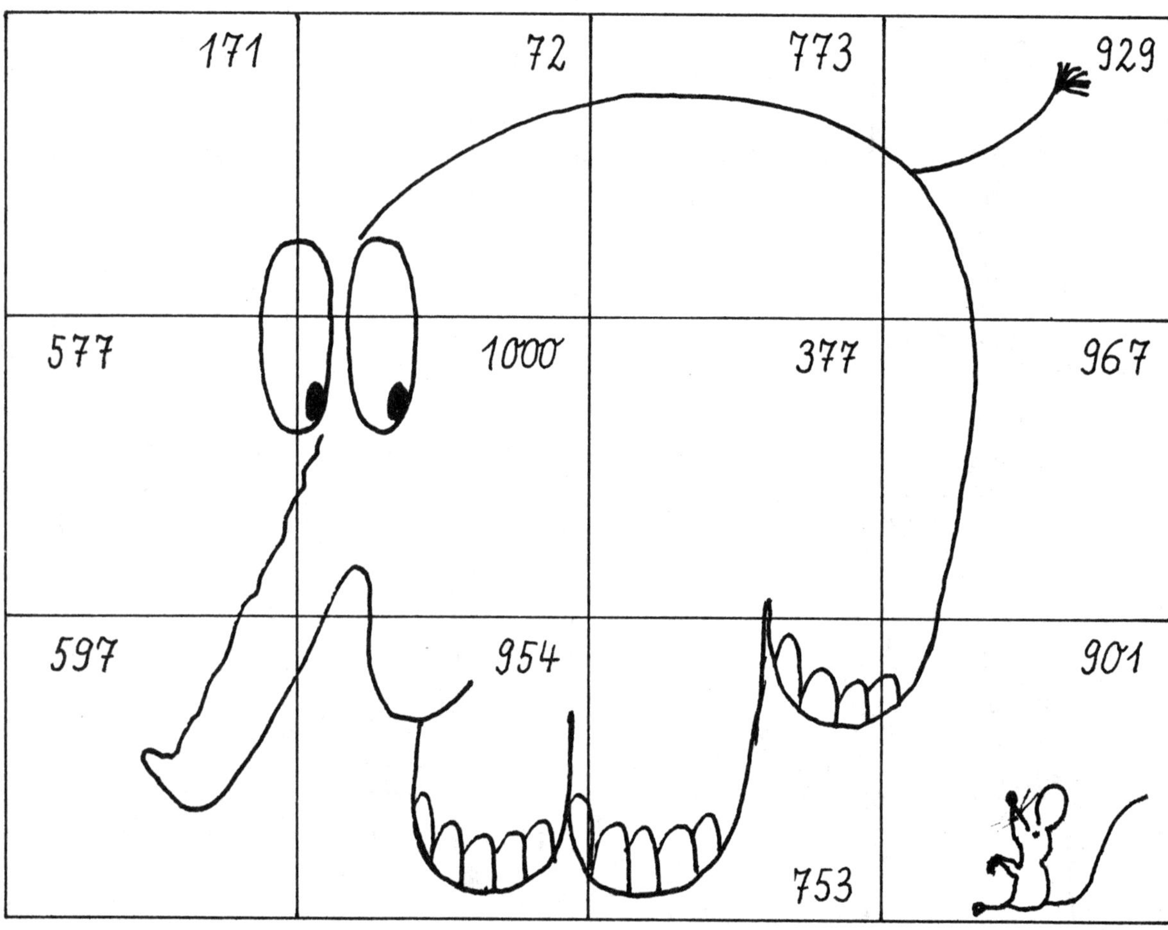

Domino

Schneide die Streifen aus. Rechne die erste Aufgabe. Hast du richtig gerechnet, findest du das Ergebnis auf einem anderen Streifen oben. Lege diesen Streifen neben den ersten und rechne die untenstehende Aufgabe. So geht es weiter. Hast du alles richtig, erscheint ein Bild. Du kannst es aufkleben.

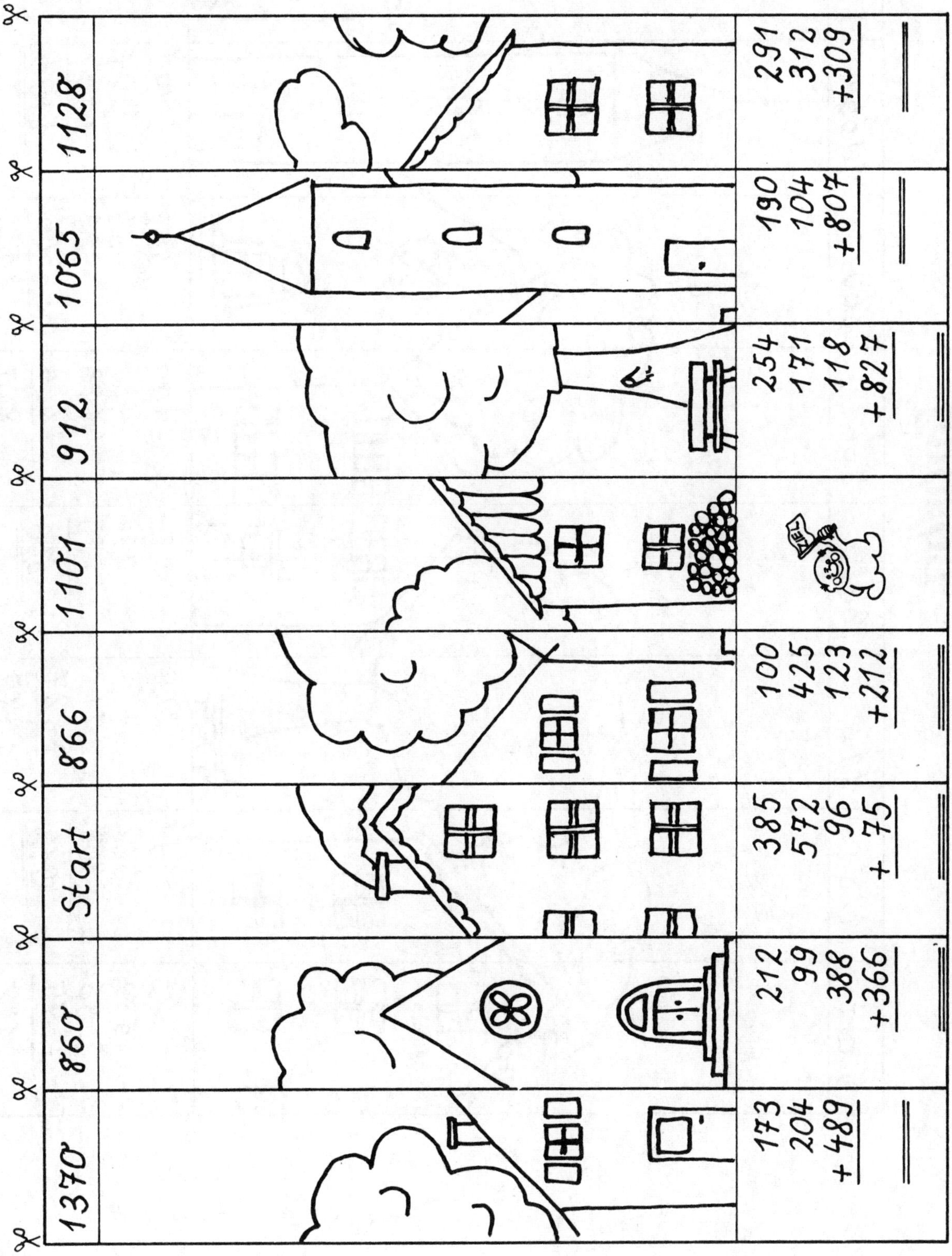

Lösung

Start	1128	912	1370	866	860	1065	1101

385 572 96 + 75 1128	291 312 +309 912	254 171 118 +827 1370	173 204 +489 866	100 425 123 +212 860	212 99 388 +366 1065	190 104 +807 1101	

Puzzle

82 kg 75 kg + 102 kg	120 kg 186 kg + 295 kg	23 cm 17 cm + 49 cm	7 cm 77 cm 107 cm
83 DM 112 DM + 135 DM	237 DM 382 DM + 375 DM	190 kg 240 kg + 390 kg	190 cm 74 cm + 229 cm
624 DM 72 DM + 106 DM	9 cm 583 cm + 9 cm	92 kg 66 kg + 104 kg	512 DM 175 DM + 146 DM

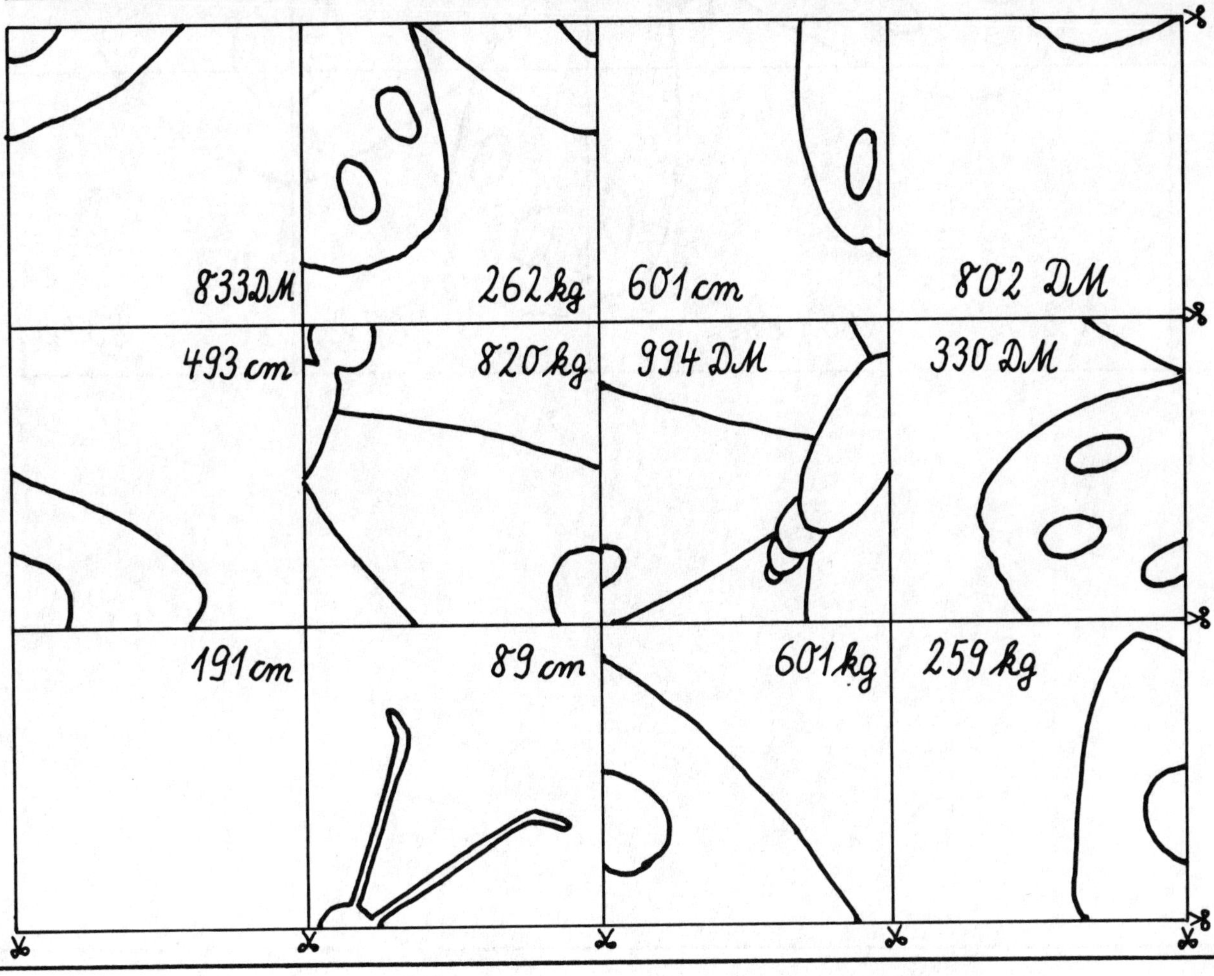

Lösung

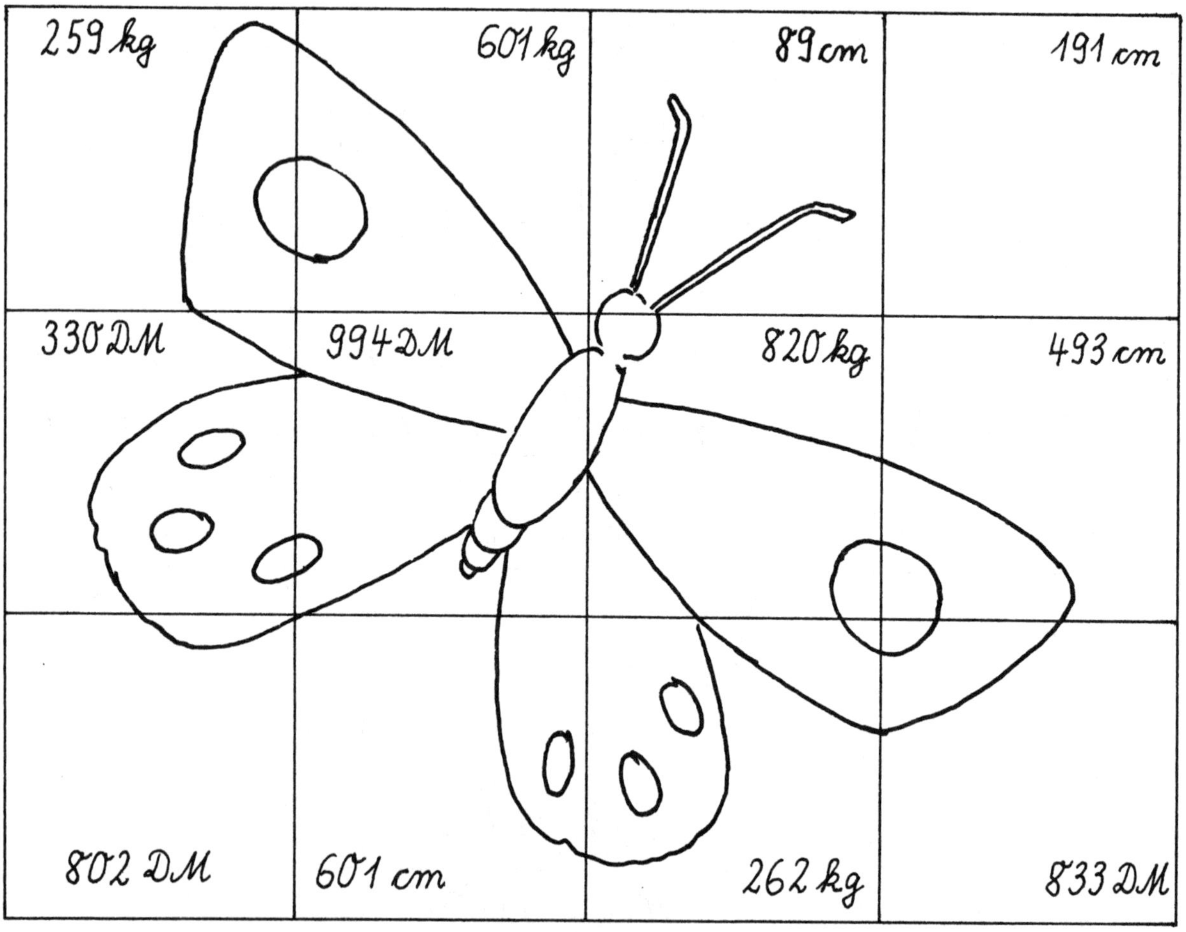
259 kg
601 kg
89 cm
191 cm
330 DM
994 DM
820 kg
493 cm
802 DM
601 cm
262 kg
833 DM

Puzzle

85 − 24 =	93 − 71 =	49 − 22 =	69 − 32 =
180 − 70 =	256 − 123 =	618 − 505 =	999 − 555 =
987 − 727 =	816 − 802 =	478 − 124 =	653 − 133 =
777 − 272 =	608 − 208 =	558 − 237 =	859 − 553 =

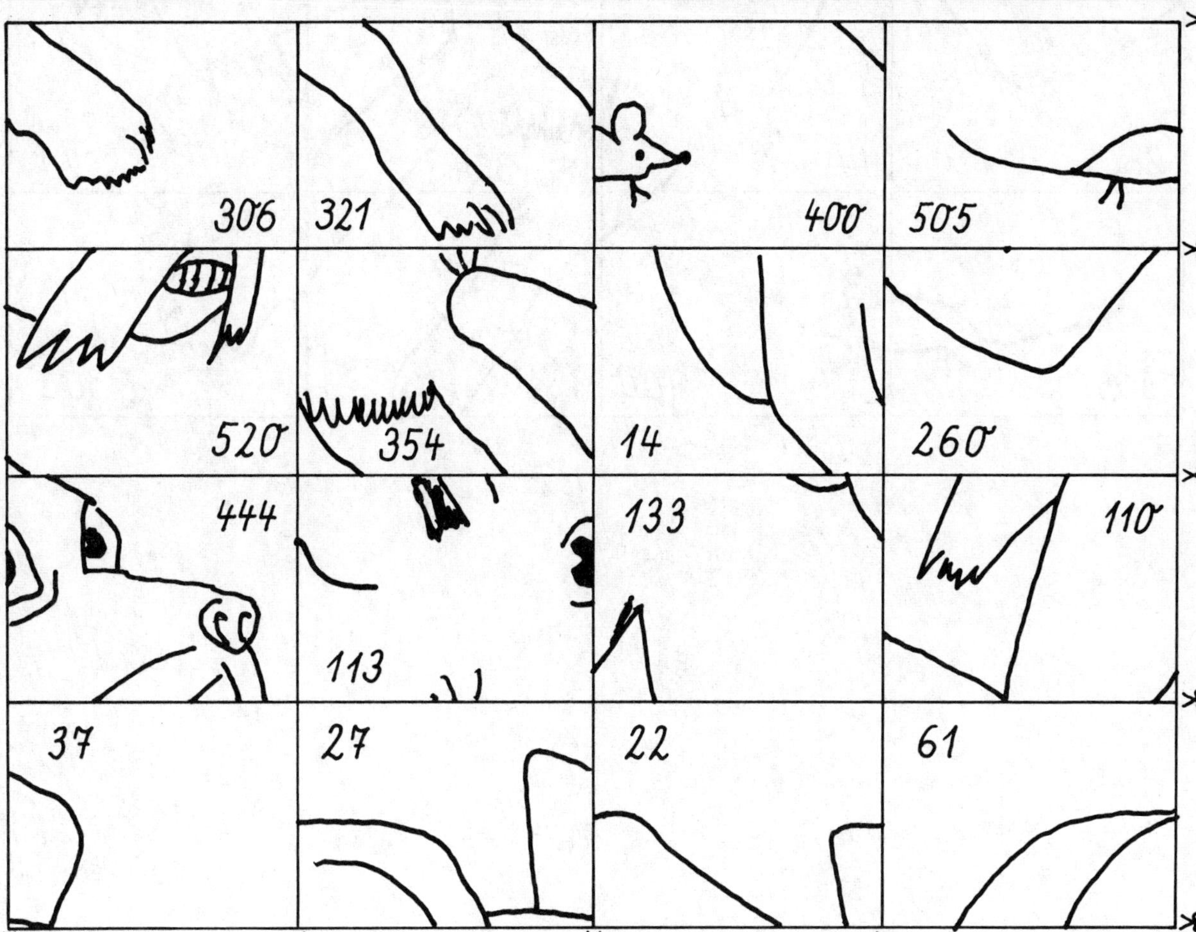

Lösung

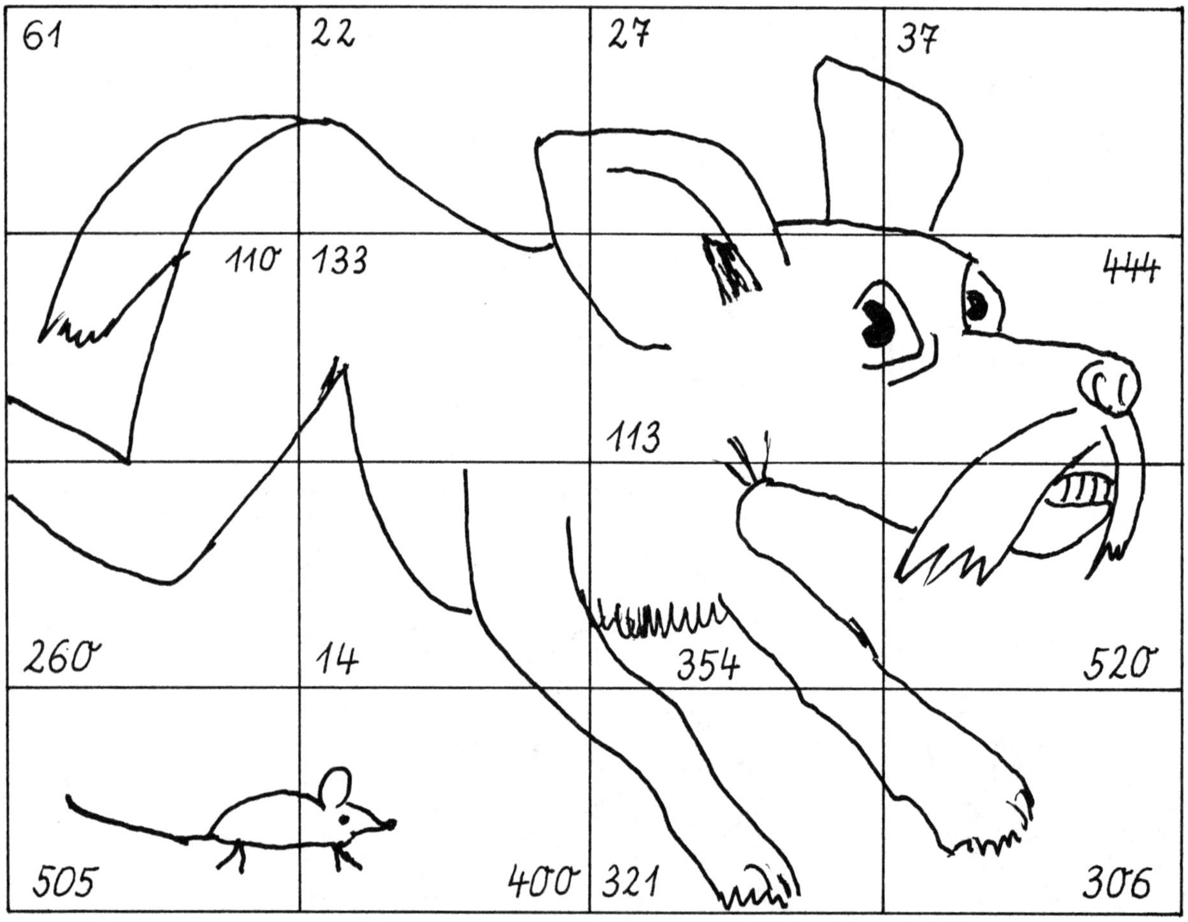

Die Tiere suchen ihre Schlafkissen! Hilf!

Rechne, dann verbinde die Tiere und Kissen!

Lösung

Die Tiere suchen ihre Schlafkissen! Hilf!

Rechne, dann verbinde die Tiere und Kissen!

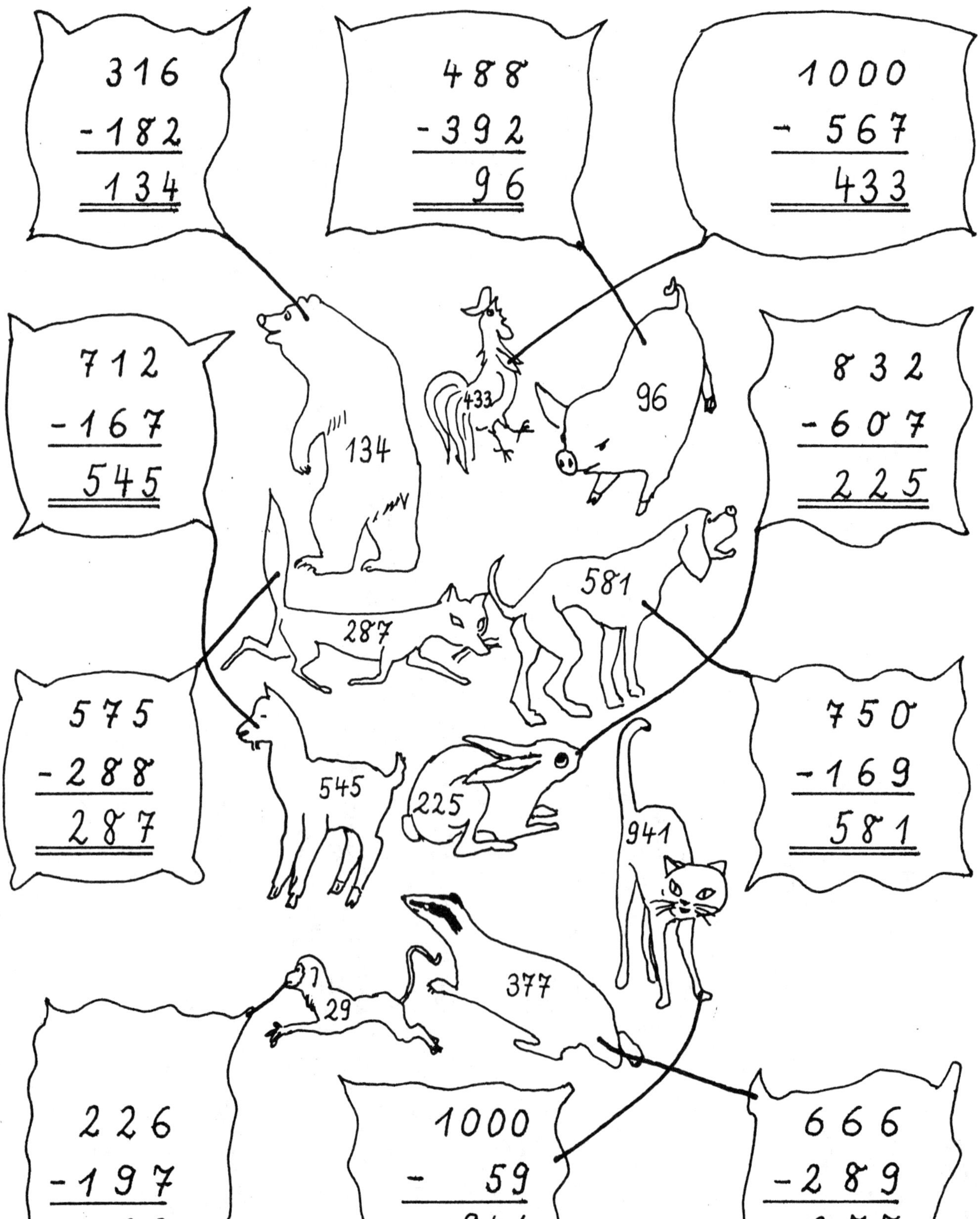

Rechne auf deinem Block und male dann das Ergebnis mit der angegebenen Farbe aus!

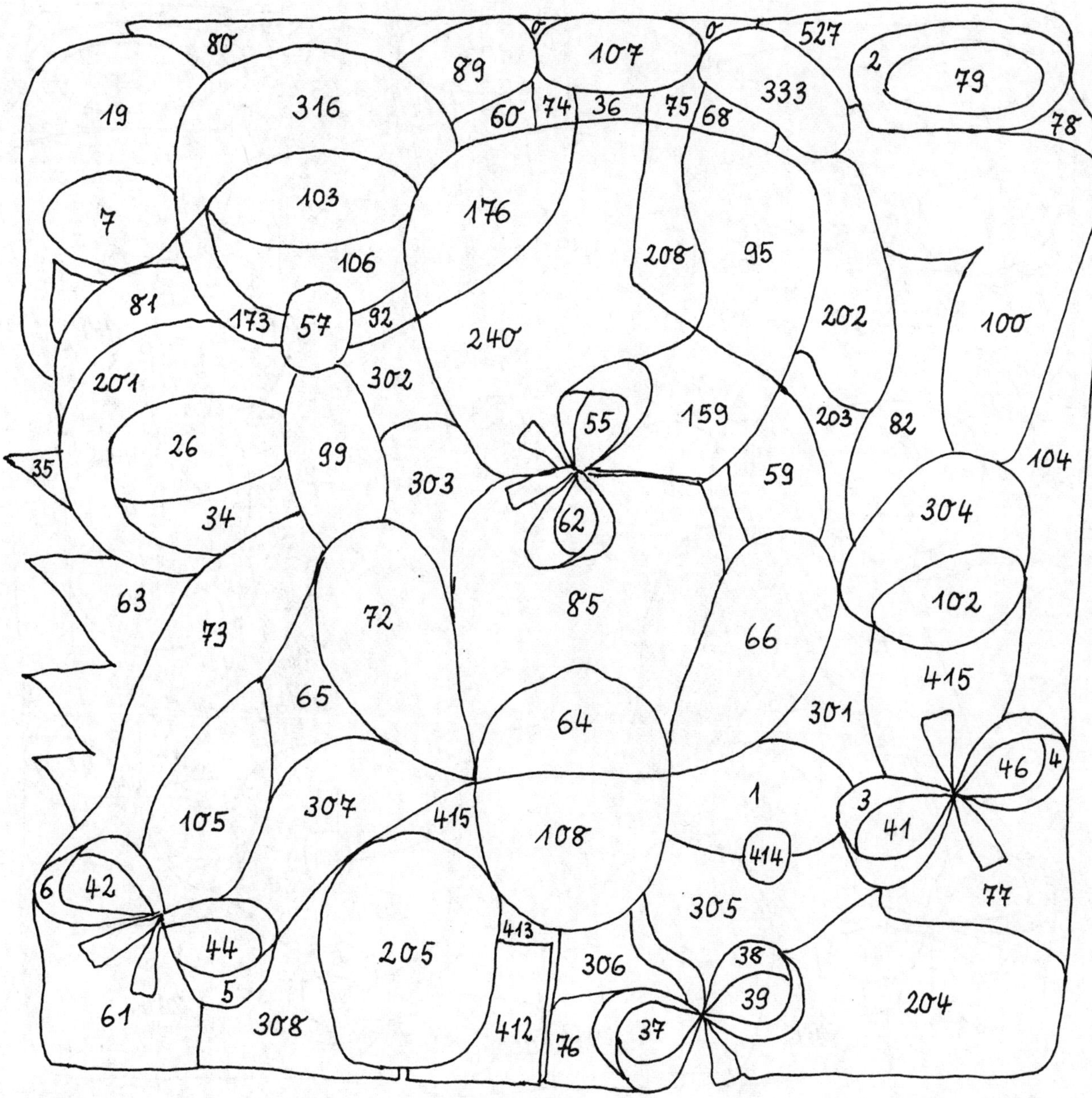

1) 111 - 56 (blau) 2) 207 - 150 (rosa) 3) 802 - 743 (rosa)

4) 154 - 94 (rosa) 5) 201 - 139 (rot) 6) 193 - 129 (braun)

7) 172 - 106 (orange) 8) 512 - 444 (rosa) 9) 316 - 244 (orange)

10) 404 - 319 (rot) 11) 300 - 211 (schw.) 12) 201 - 109 (gelb)

13) 392 - 297 (blau) 14) 456 - 357 (rosa) 15) 119 - 16 (grün)

16) 455 - 347 (braun) 17) 748 - 589 (blau) 18) 236 - 63 (gelb)

19) 416 - 240 (blau) 20) 416 - 208 (blau) 21) 623 - 383 (blau)

22) 632 - 316 (gelb) 23) 1000 - 667 (schwarz)

Lösung

Rechne auf deinem Block und male dann das Ergebnis mit der angegebenen Farbe aus!

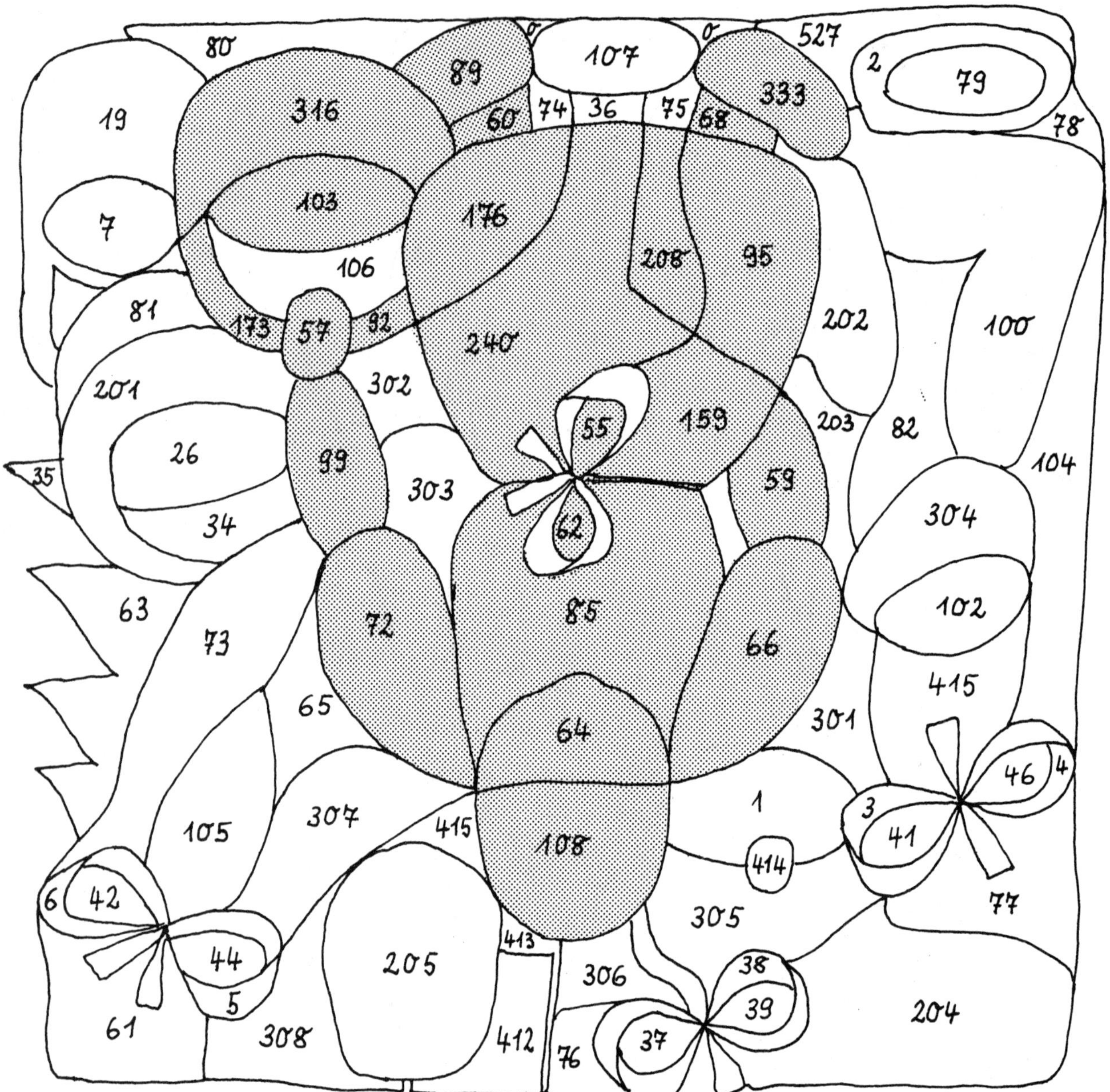

1) 111 - 56 (blau) =55 2) 207 - 150 (rosa) =57 3) 802 - 743 (rosa) =59

4) 154 - 94 (rosa) =60 5) 201 - 139 (rot) =62 6) 193 - 129 (braun) =64

7) 172 - 106 (orange) =66 8) 512 - 444 (rosa) =68 9) 316 - 244 (orange) =72

10) 404 - 319 (rot) =85 11) 300 - 211 (schw.) =89 12) 201 - 109 (gelb) =92

13) 392 - 297 (blau) =95 14) 456 - 357 (rosa) =99 15) 119 - 16 (grün) =103

16) 455 - 347 (braun) =108 17) 748 - 589 (blau) =159 18) 236 - 63 (gelb) =173

19) 416 - 240 (blau) =176 20) 416 - 208 (blau) =208 21) 623 - 383 (blau) =240

22) 632 - 316 (gelb) =316 23) 1000 - 667 (schwarz) =333

Ma

Puzzle

$6 \cdot 30 =$ ____	$5 \cdot 80 =$ ____	$4 \cdot 70 =$ ____	$3 \cdot 90 =$ ____
$7 \cdot 20 =$ ____	$9 \cdot 50 =$ ____	$400 : 8 =$ ____	$6 \cdot 30 =$ ____
$640 : 80 =$ ____	$1000 : 5 =$ ____	$8 \cdot 60 =$ ____	$400 :$ ____ $= 5$
$9 \cdot 70 =$ ____	$360 : 6 =$ ____	____ $: 7 = 50$	____ $: 90 = 9$

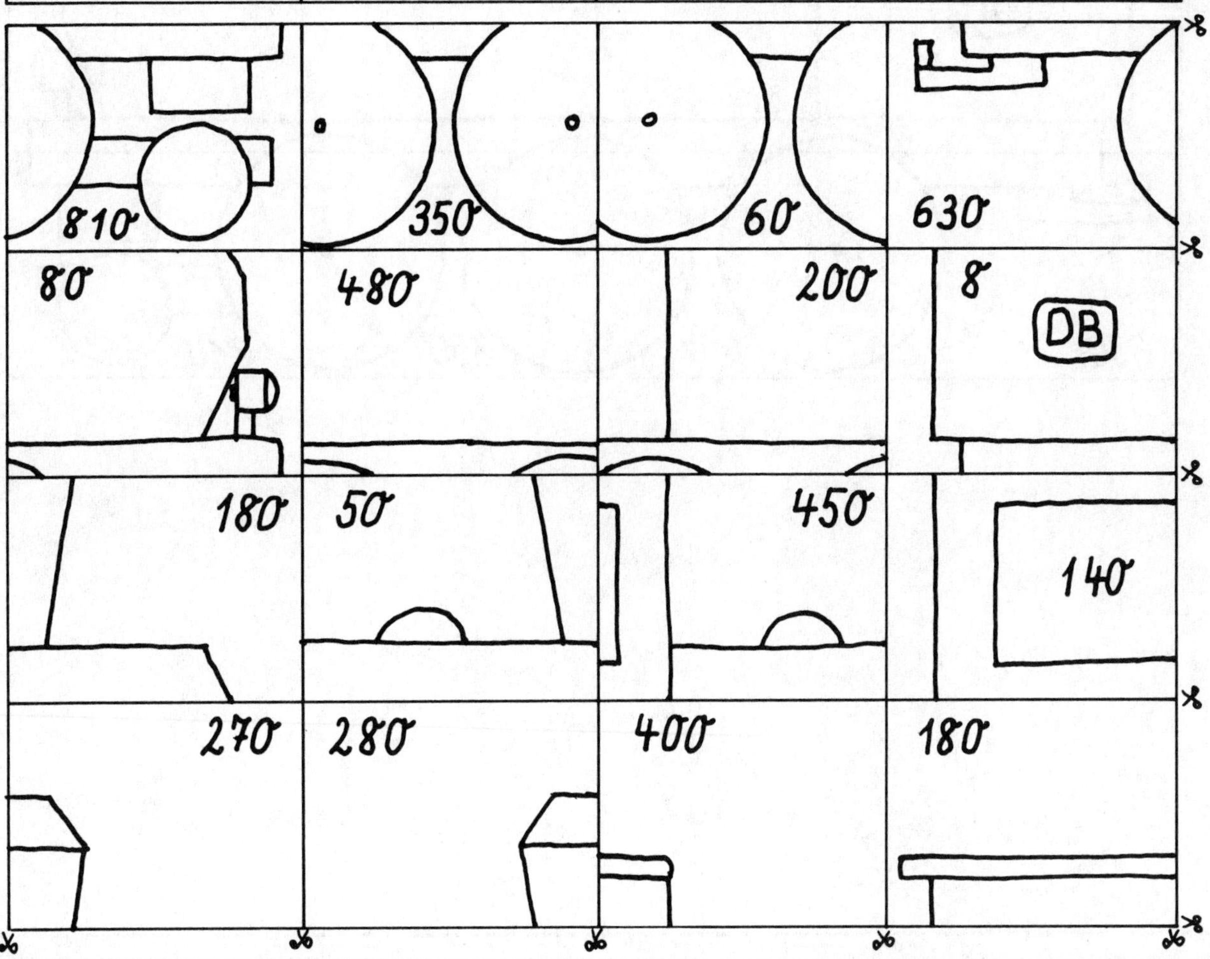

Lösung

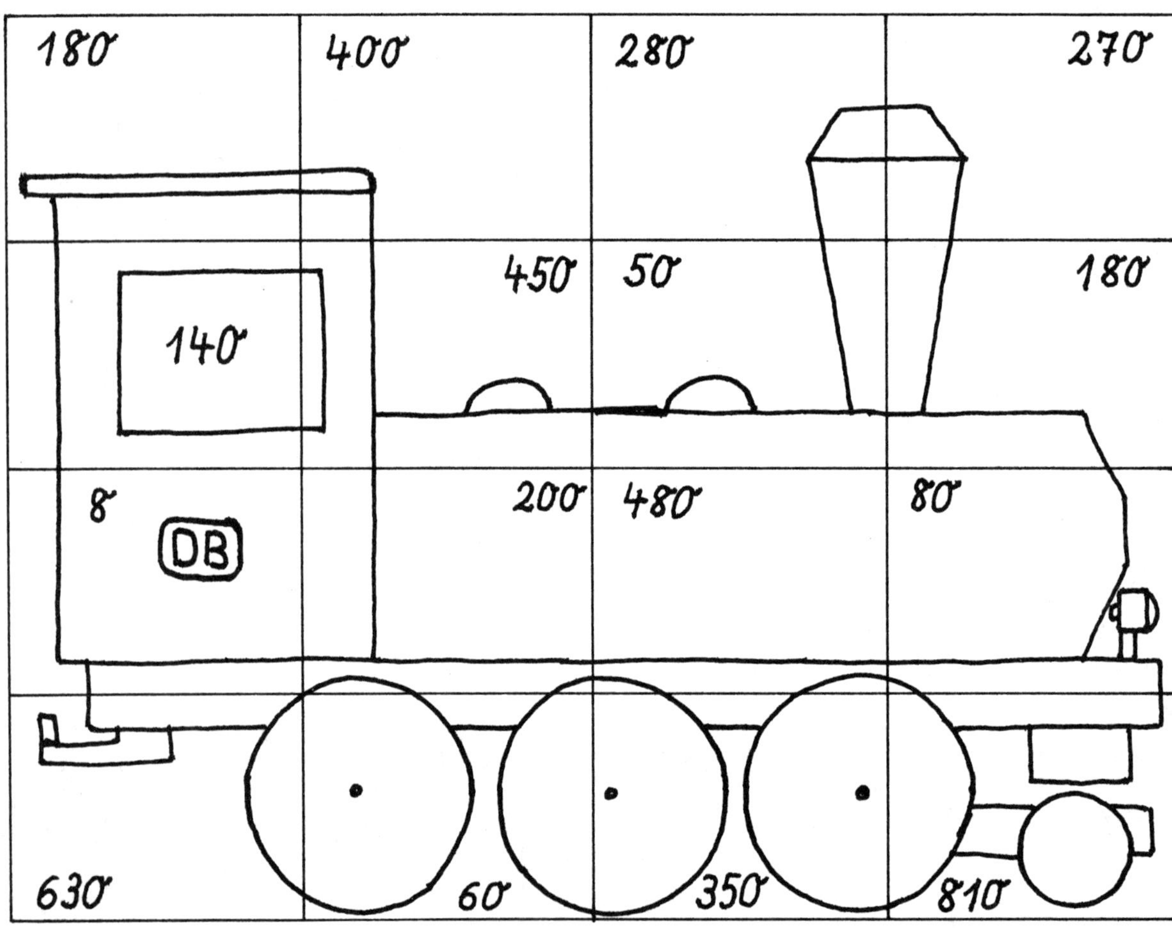

Ma

Rechne und verbinde die Ergebnisse der Reihe nach!

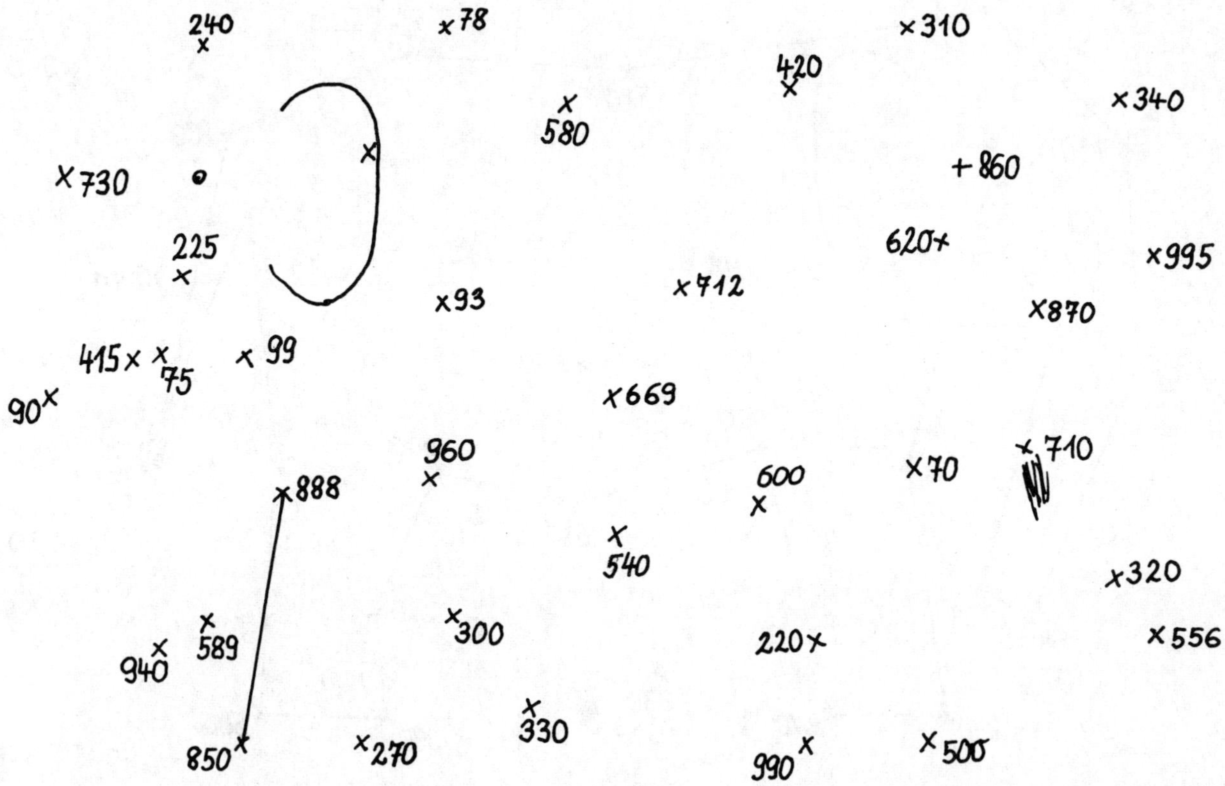

1) 9 · 90 + 40 = ____________	13) 9 · 60 - 120 = ____________
2) 4 · 60 + 30 = ____________	14) 90 · 7 - 50 = ____________
3) 11 · 90 - 30 = ____________	15) 5 · 80 - 160 = ____________
4) 70 · 7 + 50 = ____________	16) 10 · 70 + 30 = ____________
5) 9 · 70 - 30 = ____________	17) 2 · 40 + 10 = ____________
6) 60 · 3 + 40 = ____________	18) 12 · 80 - 20 = ____________
7) 10 · 100 - 10 = ____________	19) 60 · 9 + 49 = ____________
8) 6 · 60 + 140 = ____________	20) 5 · 80 + 15 = ____________
9) 30 · 3 - 20 = ____________	21) 5 · 50 - 25 = ____________
10) 9 · 50 + 170 = ____________	22) 3 · 40 - 45 = ____________
11) 70 · 9 + 80 = ____________	23) 30 · 4 - 21 = ____________
12) 10 · 80 + 60 = ____________	24) 10 · 90 - 12 = ____________

Lösung

Rechne und verbinde die Ergebnisse der Reihe nach!

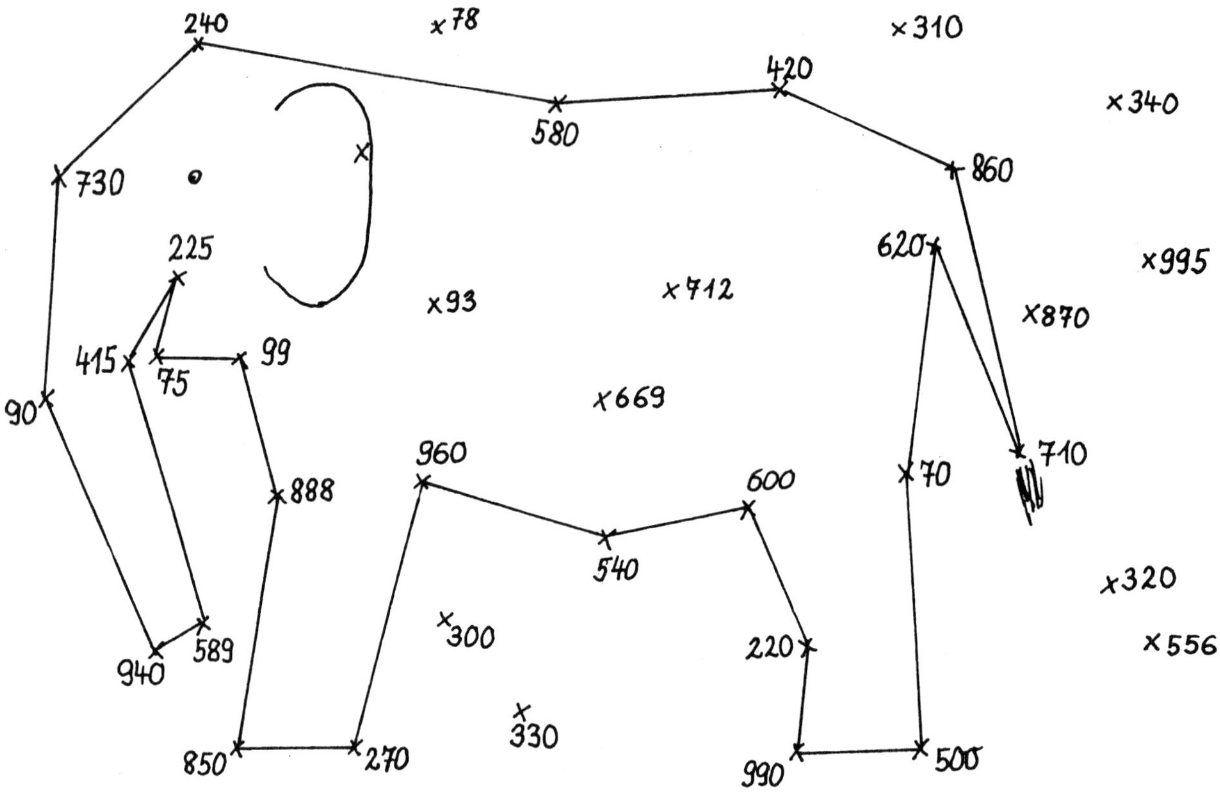

1) 9 · 90 + 40 = 850	13) 9 · 60 − 120 = 420
2) 4 · 60 + 30 = 270	14) 90 · 7 − 50 = 580
3) 11 · 90 − 30 = 960	15) 5 · 80 − 160 = 240
4) 70 · 7 + 50 = 540	16) 10 · 70 + 30 = 730
5) 9 · 70 − 30 = 600	17) 2 · 40 + 10 = 90
6) 60 · 3 + 40 = 220	18) 12 · 80 − 20 = 940
7) 10 · 100 − 10 = 990	19) 60 · 9 + 49 = 589
8) 6 · 60 + 140 = 500	20) 5 · 80 + 15 = 415
9) 30 · 3 − 20 = 70	21) 5 · 50 − 25 = 225
10) 9 · 50 + 170 = 620	22) 3 · 40 − 45 = 75
11) 70 · 9 + 80 = 710	23) 30 · 4 − 21 = 99
12) 10 · 80 + 60 = 860	24) 10 · 90 − 12 = 888

Schreibe die richtigen Operatoren aus den Kreisen in die Schlange!

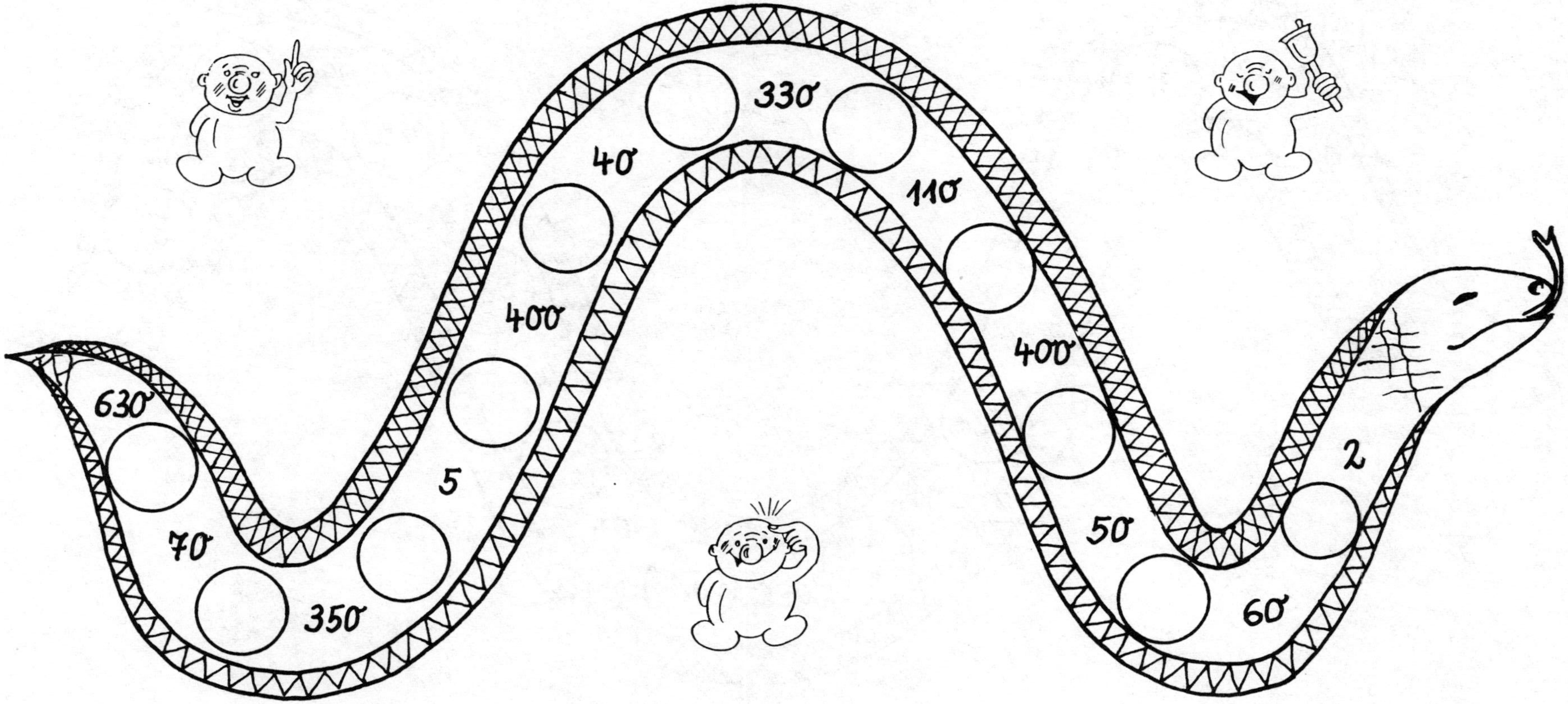

·80 :8 :9 :10 ·5 +10 :70 :3 :30 +290 +290

Lösung

Schreibe die richtigen Operatoren aus den Kreisen in die Schlange!

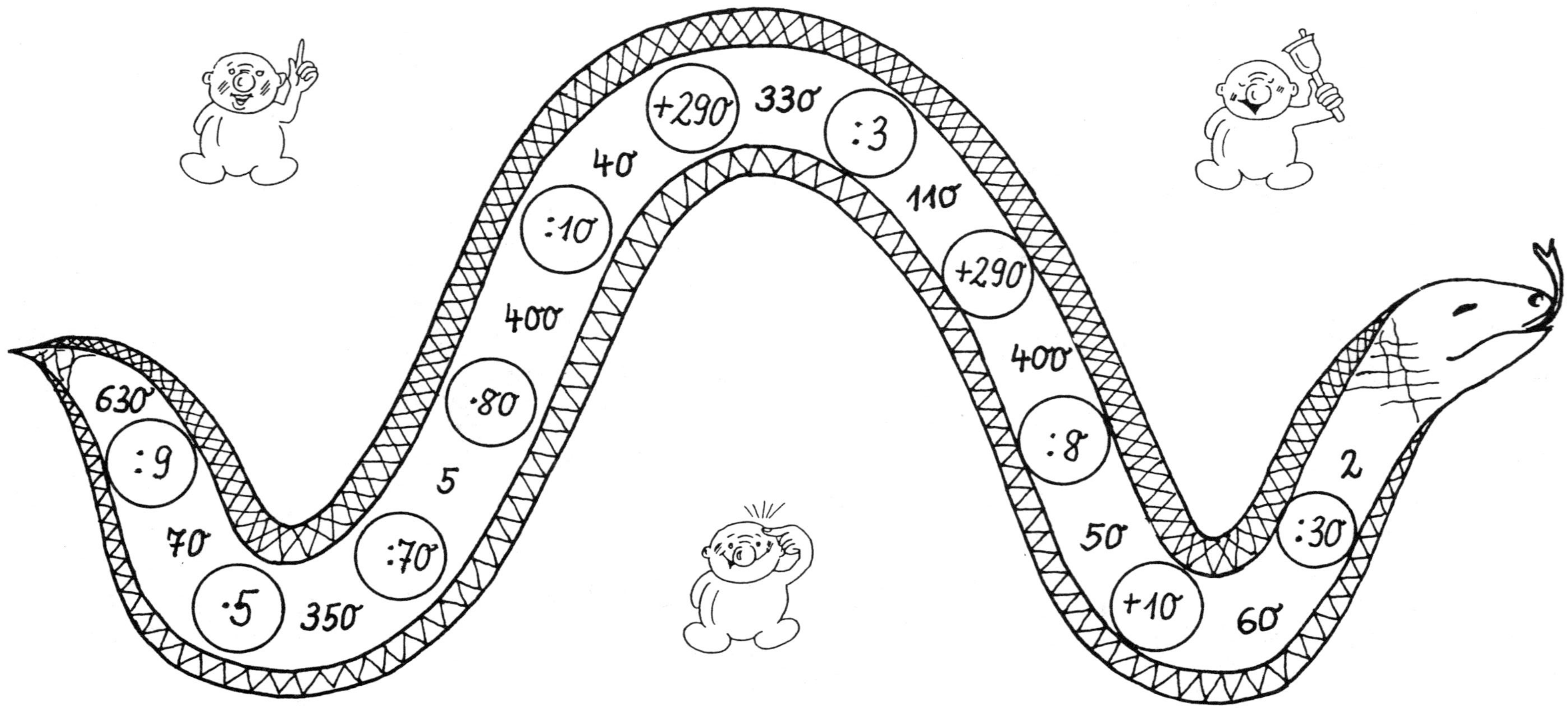

Puzzle

Bäcker Rippl verbraucht pro Tag 90 Eier. Er arbeitet 6 Tage in der Woche.	Hansi schneidet eine Schnur von 480 cm in 8 gleichlange Teile.	30 Kinder gehen ins Museum. Insgesamt haben sie 120 DM Eintritt zu zahlen.
Großhändler Huber verkauft 80 Modellbaukästen zu je 7 DM.	In einer Tüte sind 60 Bonbons. Josef kauft sich 4 Tüten.	In der Klasse 3c sind 20 Kinder. Jedes Kind muß 9 DM für ein Arbeitsheft bezahlen.
Mutter kauft 5 Päckchen Kaugummi zu je 60 Pf. Wie viele DM bezahlt sie?	In einer Kiste sind 30 Äpfel. Frau Huber kauft 5 Kisten.	Ein Duplostein ist 2 cm hoch. Tina steckt 70 Steine aufeinander.
Bei einer Tombola gibt es 10 Gewinne zu je 50 DM.	Meine Zahl ist achtmal so groß als 90.	5 Gewinner teilen sich einen Lottogewinn von 1000 DM.

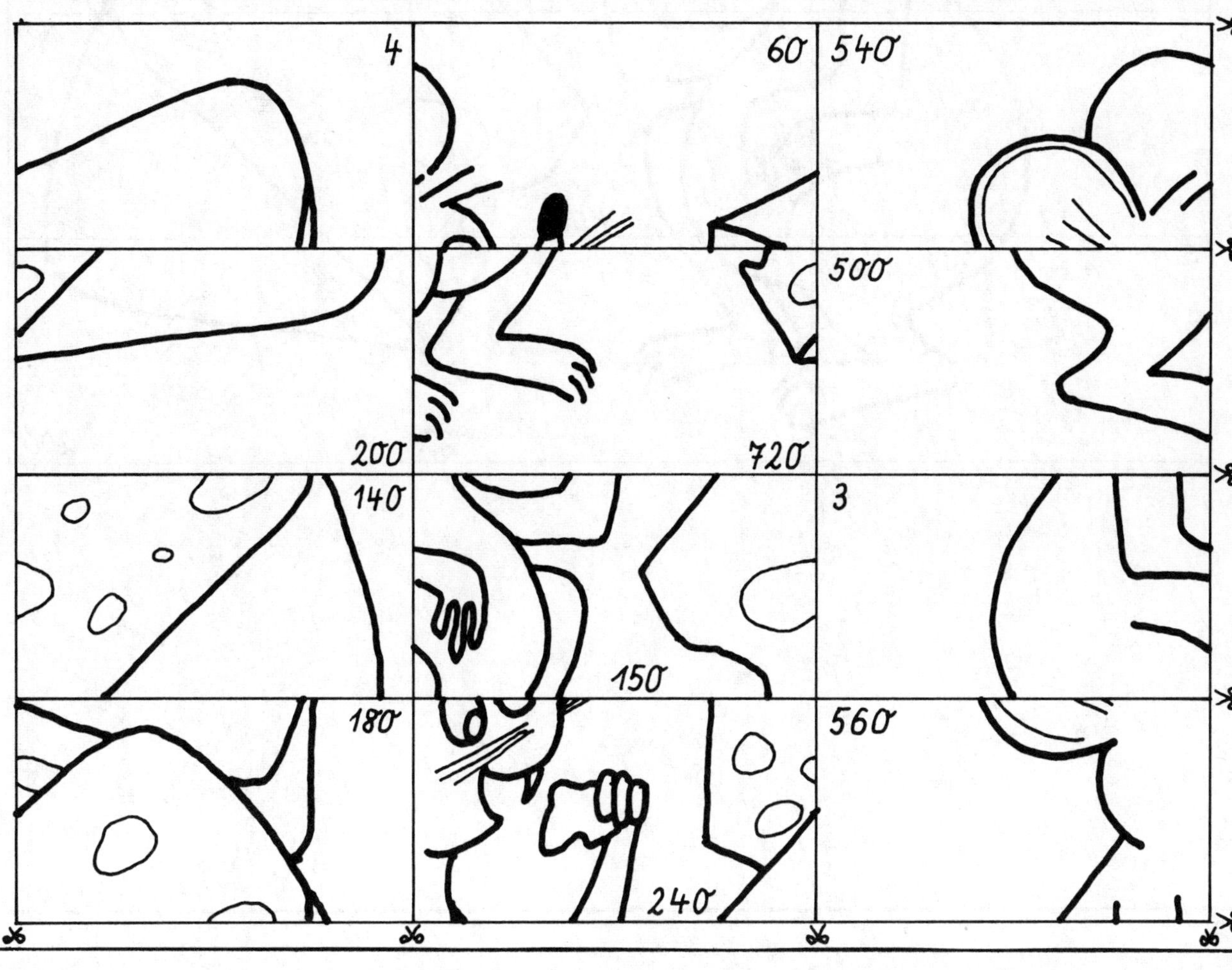

Lösung

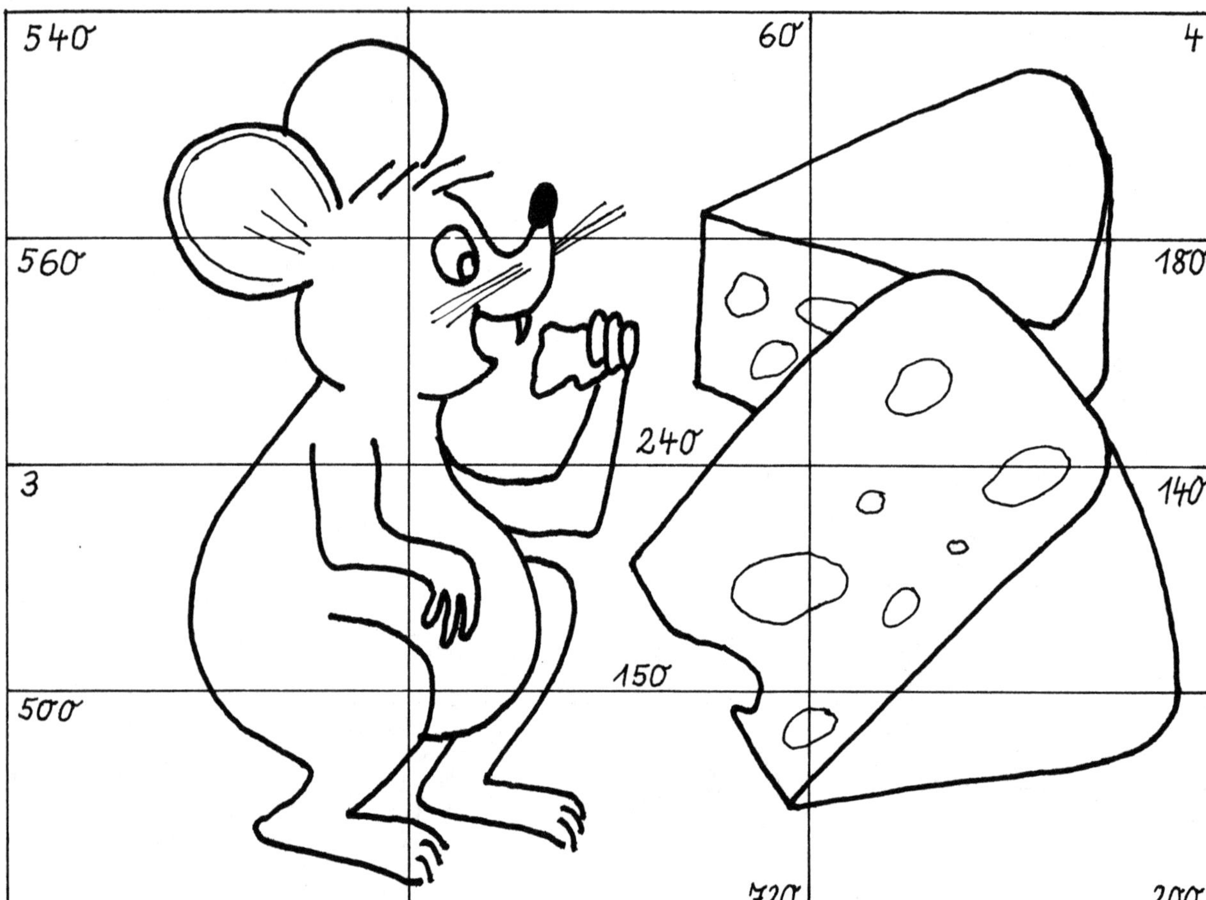

Male die Lösungsfelder aus!

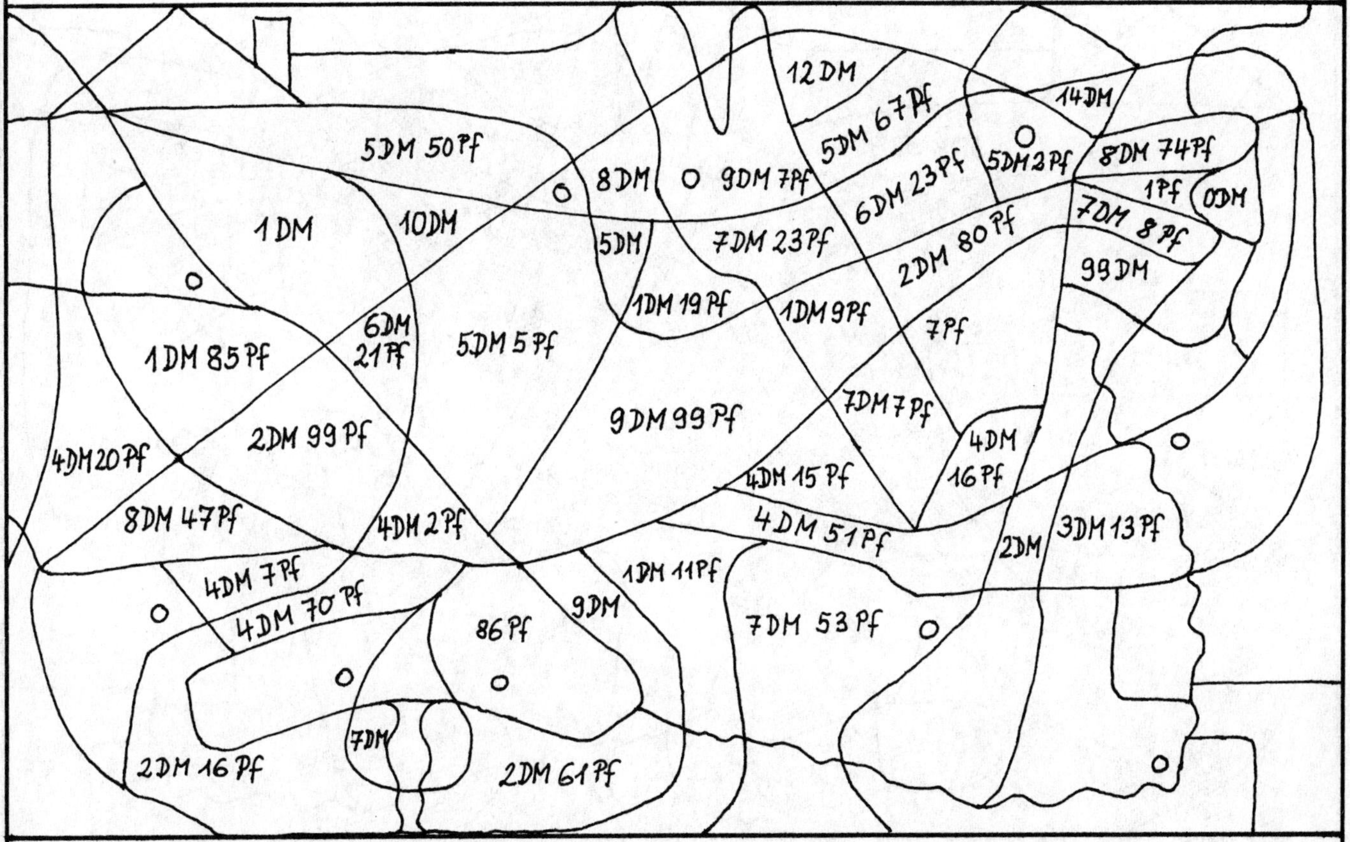

Gib in DM und Pf an!

100 Pf = ____ 216 Pf = ____ 313 Pf = ____

505 Pf = ____ 500 Pf = ____ 280 Pf = ____

402 Pf = ____ 723 Pf = ____ 623 Pf = ____

470 Pf = ____ 119 Pf = ____ 502 Pf = ____

299 Pf = ____ 109 Pf = ____ 708 Pf = ____

185 Pf = ____ 451 Pf = ____ 700 Pf = ____

847 Pf = ____ 874 Pf = ____ 621 Pf = ____

999 Pf = ____ 200 Pf = ____ 1000 Pf = ____

Lösung

Male die Lösungsfelder aus!

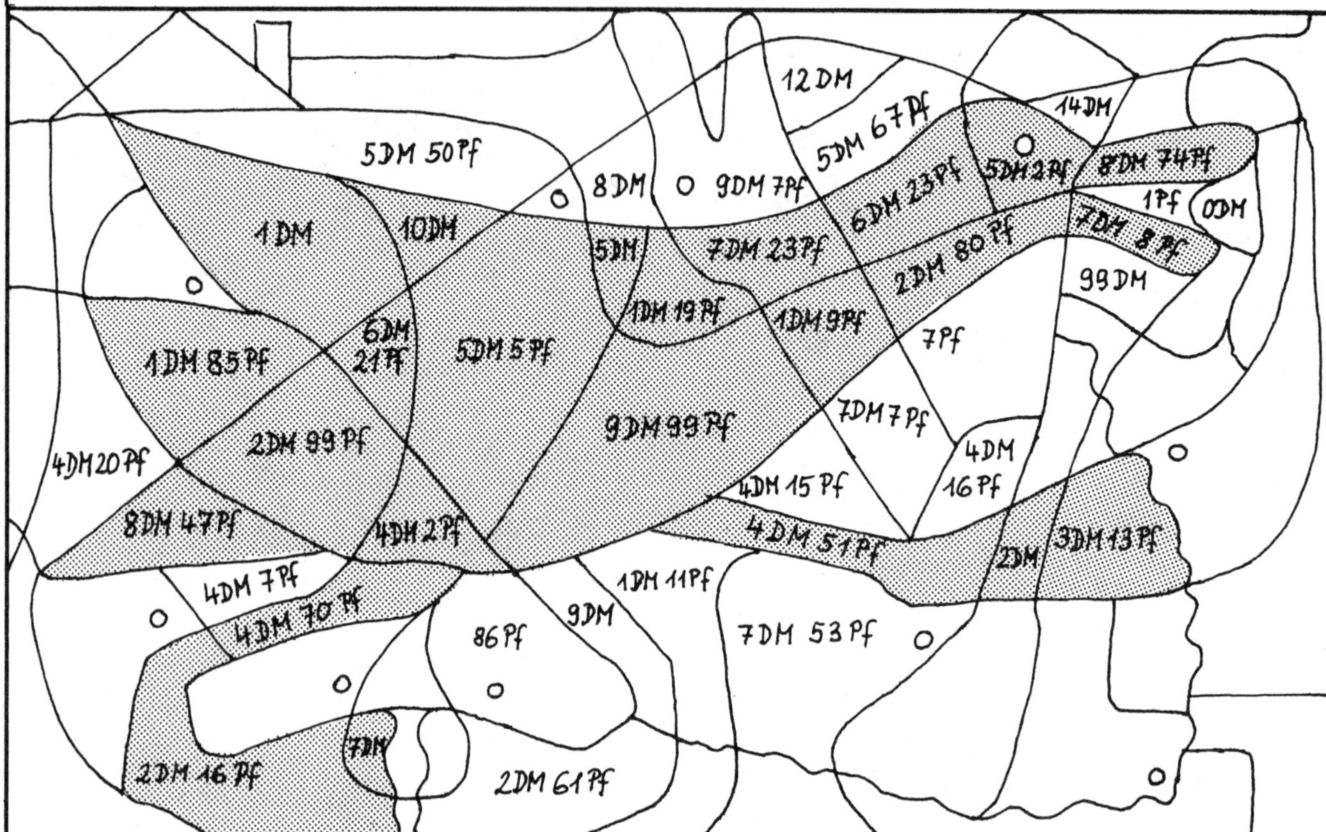

Gib in DM und Pf an!

100 Pf = 1 DM	216 Pf = 2 DM 16 Pf	313 Pf = 3 DM 13 Pf
505 Pf = 5 DM 5 Pf	500 Pf = 5 DM	280 Pf = 2 DM 80 Pf
402 Pf = 4 DM 2 Pf	723 Pf = 7 DM 23 Pf	623 Pf = 6 DM 23 Pf
470 Pf = 4 DM 70 Pf	119 Pf = 1 DM 19 Pf	502 Pf = 5 DM 2 Pf
299 Pf = 2 DM 99 Pf	109 Pf = 1 DM 9 Pf	708 Pf = 7 DM 8 Pf
185 Pf = 1 DM 85 Pf	451 Pf = 4 DM 51 Pf	700 Pf = 7 DM
847 Pf = 8 DM 47 Pf	874 Pf = 8 DM 74 Pf	621 Pf = 6 DM 21 Pf
999 Pf = 9 DM 99 Pf	200 Pf = 2 DM	1000 Pf = 10 DM

Ordne nach der Größe!

1 Pf 2 DM 50 Pf 99 Pf 9 DM 11 Pf 2 DM 17 Pf

5 DM 20 Pf 2 DM 71 Pf 81 Pf 10 DM 801 Pf

6 DM 90 Pf 249 Pf 5 DM 2 Pf 998 Pf 3 DM 10 Pf

____

____

____

Schreibe mit Komma!

2 DM 30 Pf = ______	203 Pf = ______
580 Pf = ______	6 DM 9 Pf = ______
12 DM 50 Pf = ______	75 Pf = ______
1050 Pf = ______	8 DM 99 Pf = ______

Ergänze!

1 DM 50 Pf + ______ = 4 DM	2,60 DM + 1,50 DM = ______
9 DM 15 Pf + ______ = 10 DM	0,70 DM + ______ = 2,10 DM
______ + 2 DM 20 Pf = 6 DM	10 DM − 2,50 DM = ______
______ − 1 DM 1 Pf = 99 Pf	0,99 DM + 0,99 DM = ______

Lösung

Ordne nach der Größe!

1 Pf 2 DM 50 Pf 99 Pf 9 DM 11 Pf 2 DM 17 Pf

5 DM 20 Pf 2 DM 71 Pf 81 Pf 10 DM 801 Pf

6 DM 90 Pf 249 Pf 5 DM 2 Pf 998 Pf 3 DM 10 Pf

1 Pf – 81 Pf – 99 Pf – 2 DM 17 Pf – 249 Pf –
2 DM 50 Pf – 2 DM 71 Pf – 3 DM 10 Pf – 5 DM 2 Pf –
5 DM 20 Pf – 6 DM 90 Pf – 801 Pf – 9 DM 11 Pf – 998 Pf – 10 DM

Schreibe mit Komma!

2 DM 30 Pf = 2,30 DM	203 Pf = 2,03 DM
580 Pf = 5,80 DM	6 DM 9 Pf = 6,09 DM
12 DM 50 Pf = 12,50 DM	75 Pf = 0,75 DM
1050 Pf = 10,50 DM	8 DM 99 Pf = 8,99 DM

Ergänze!

1 DM 50 Pf + 2 DM 50 Pf = 4 DM	2,60 DM + 1,50 DM = 4,10 DM
9 DM 15 Pf + 85 Pf = 10 DM	0,70 DM + 1,40 DM = 2,10 DM
3 DM 80 Pf + 2 DM 20 Pf = 6 DM	10 DM − 2,50 DM = 7,50 DM
2 DM − 1 DM 1 Pf = 99 Pf	0,99 DM + 0,99 DM = 1,98 DM

Miß und gib in mm an!

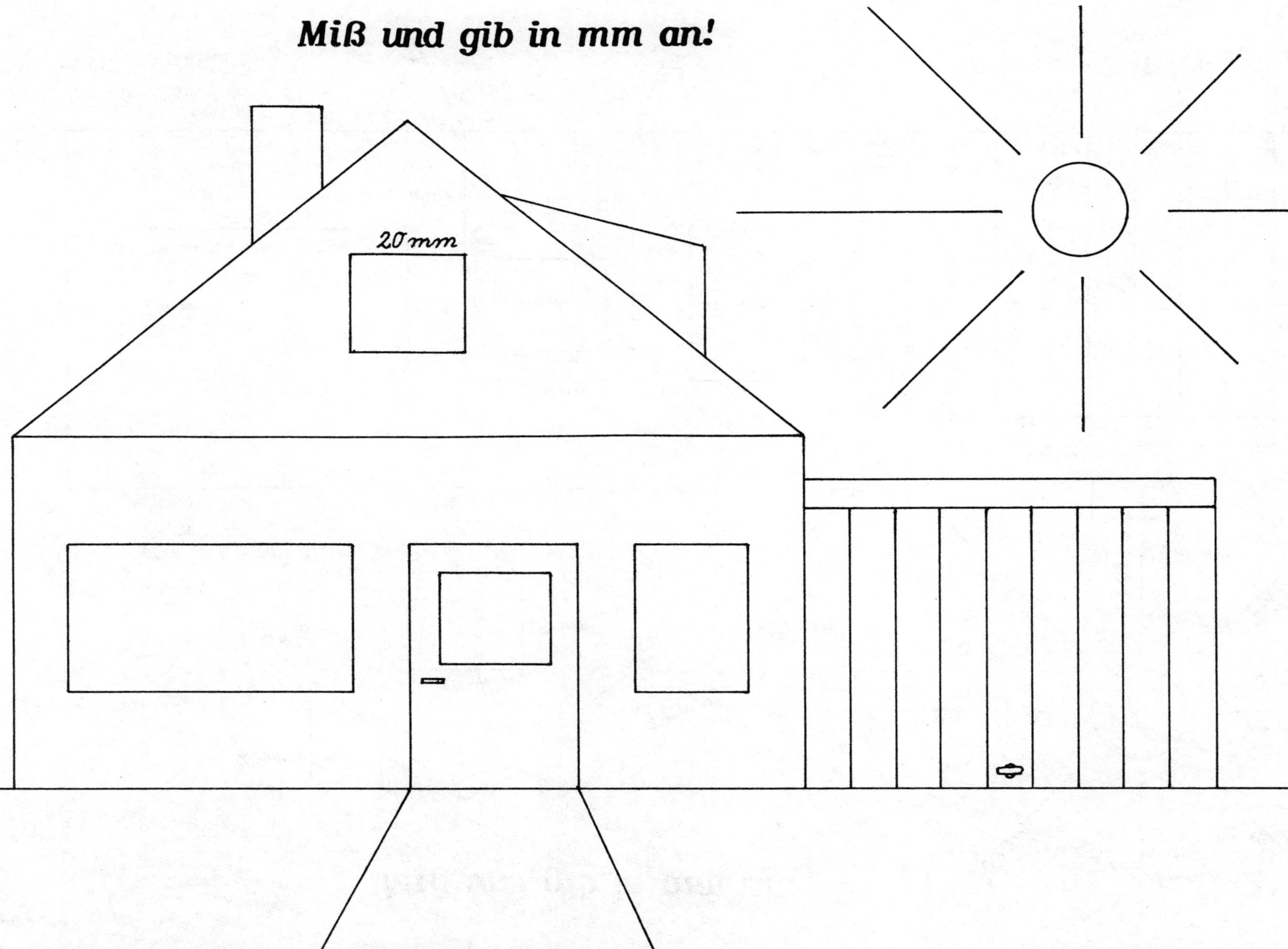

Lösung

Miß und gib in mm an!

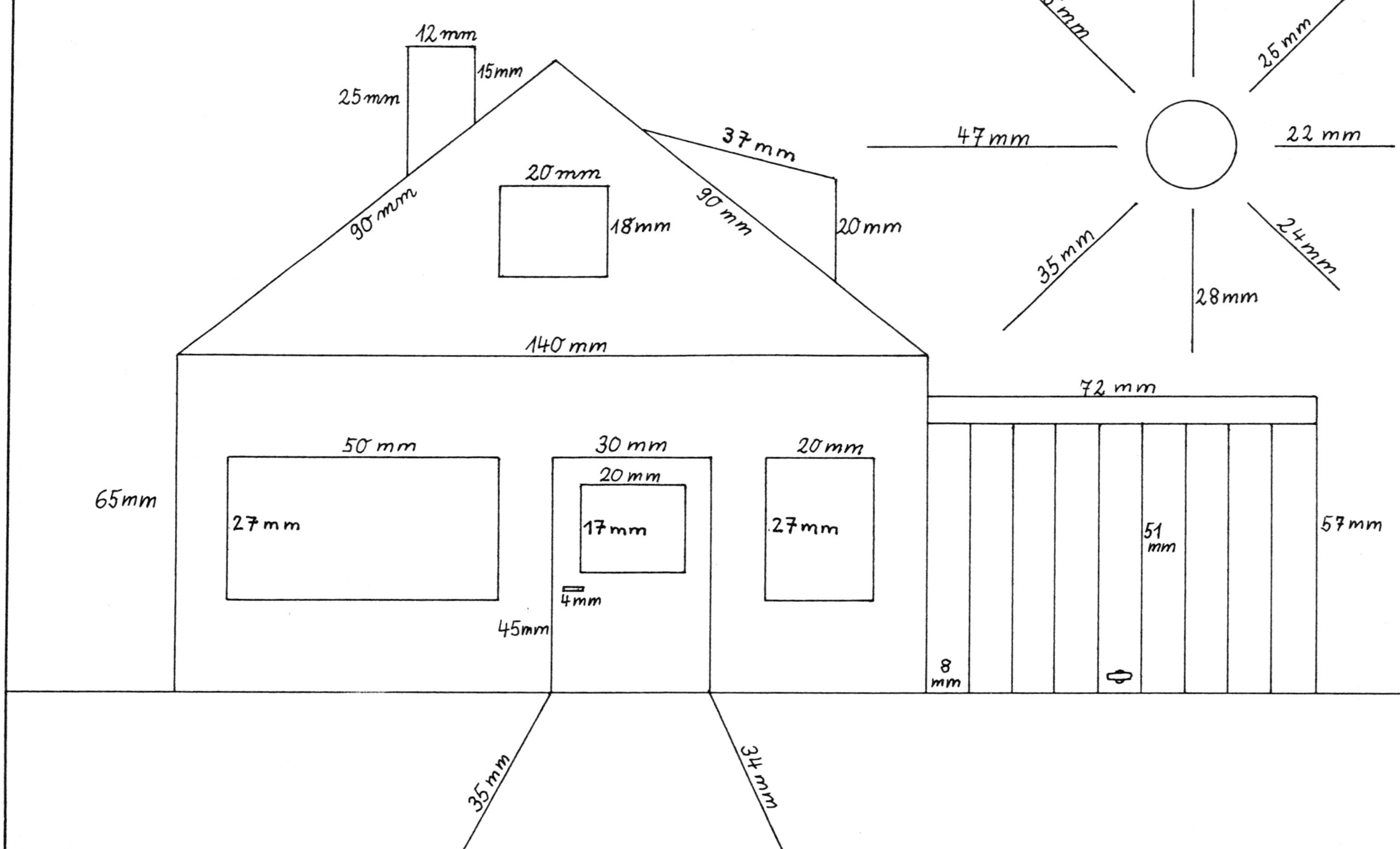

Miß die Länge der Schlangen von der Schwanzspitze bis zur Zungenspitze!

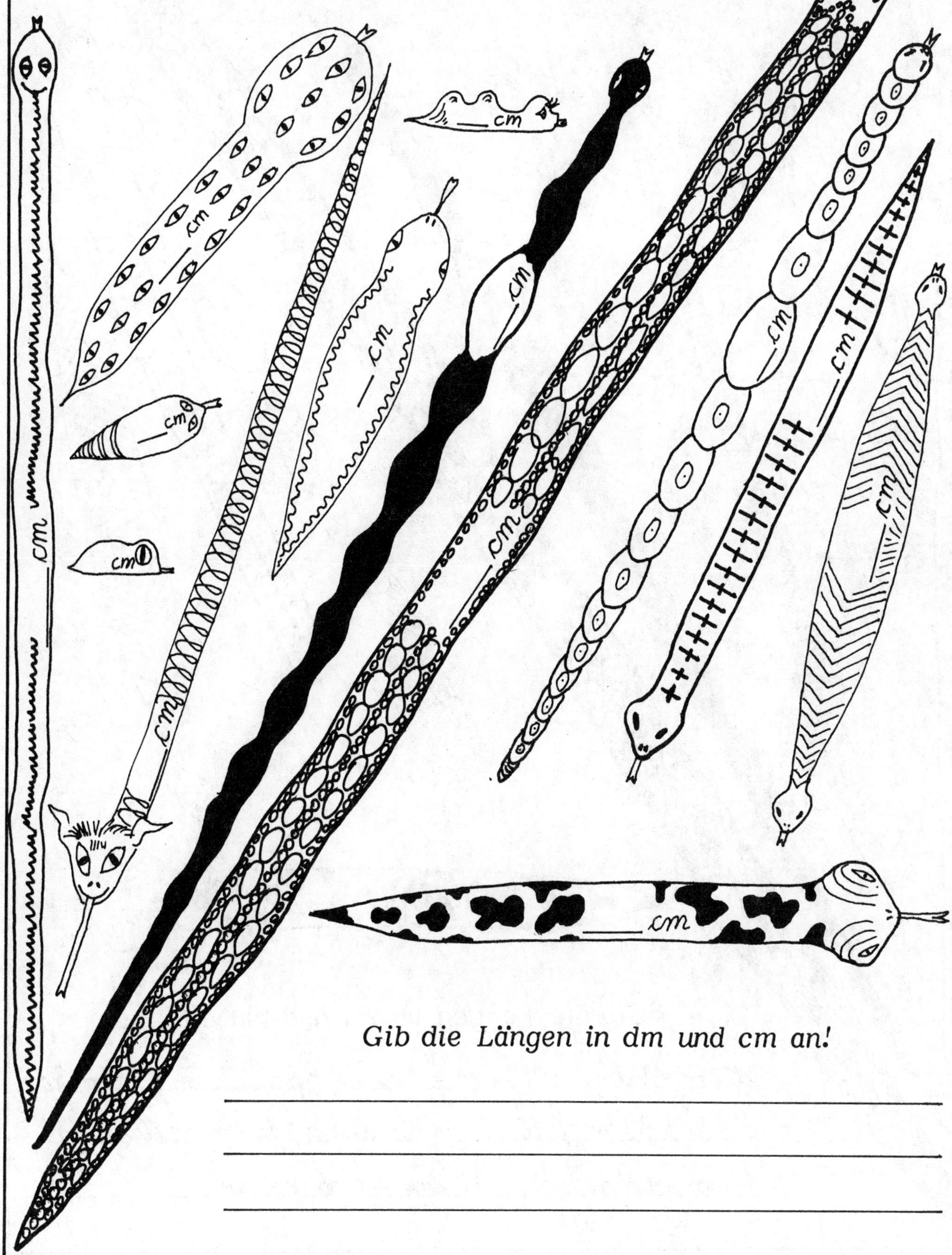

Gib die Längen in dm und cm an!

____

____

____

Lösung

Miß die Länge der Schlangen von der Schwanzspitze bis zur Zungenspitze!

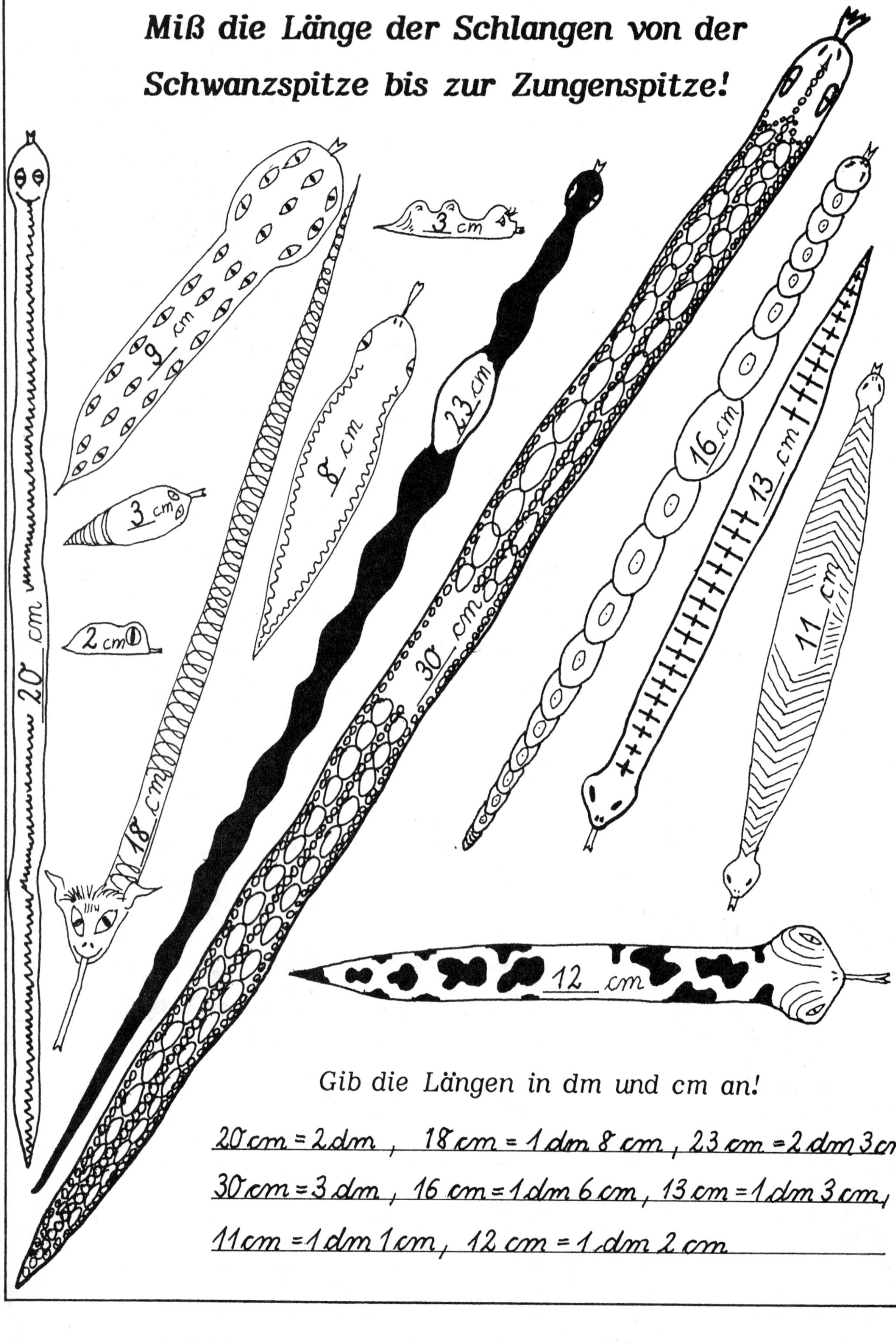

Gib die Längen in dm und cm an!

20 cm = 2 dm, 18 cm = 1 dm 8 cm, 23 cm = 2 dm 3 cm,
30 cm = 3 dm, 16 cm = 1 dm 6 cm, 13 cm = 1 dm 3 cm,
11 cm = 1 dm 1 cm, 12 cm = 1 dm 2 cm

Verbinde gleiche Werte!

15mm
1dm 2cm
6dm 5cm
100 mm
20cm
1m 20cm
250cm
16cm
7mm + 8mm
120 mm
28cm + 37cm
1dm
2dm
12dm
2m 50cm
9cm + 7cm
1cm 5mm
12cm
65cm
10cm
200mm
120cm
25dm
1dm 6cm

Verbinde gleiche Werte!

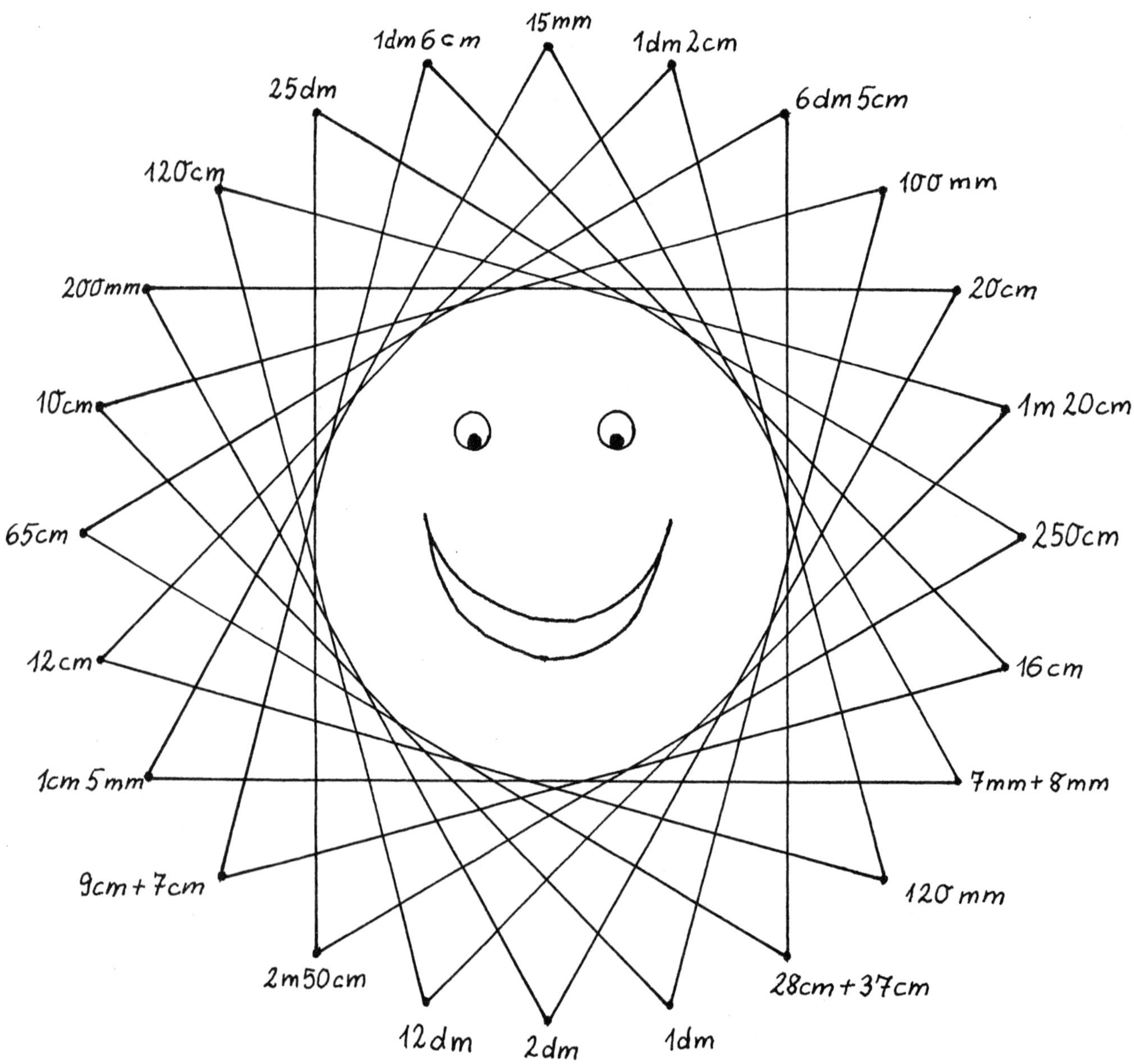

Verbinde die Punkte!

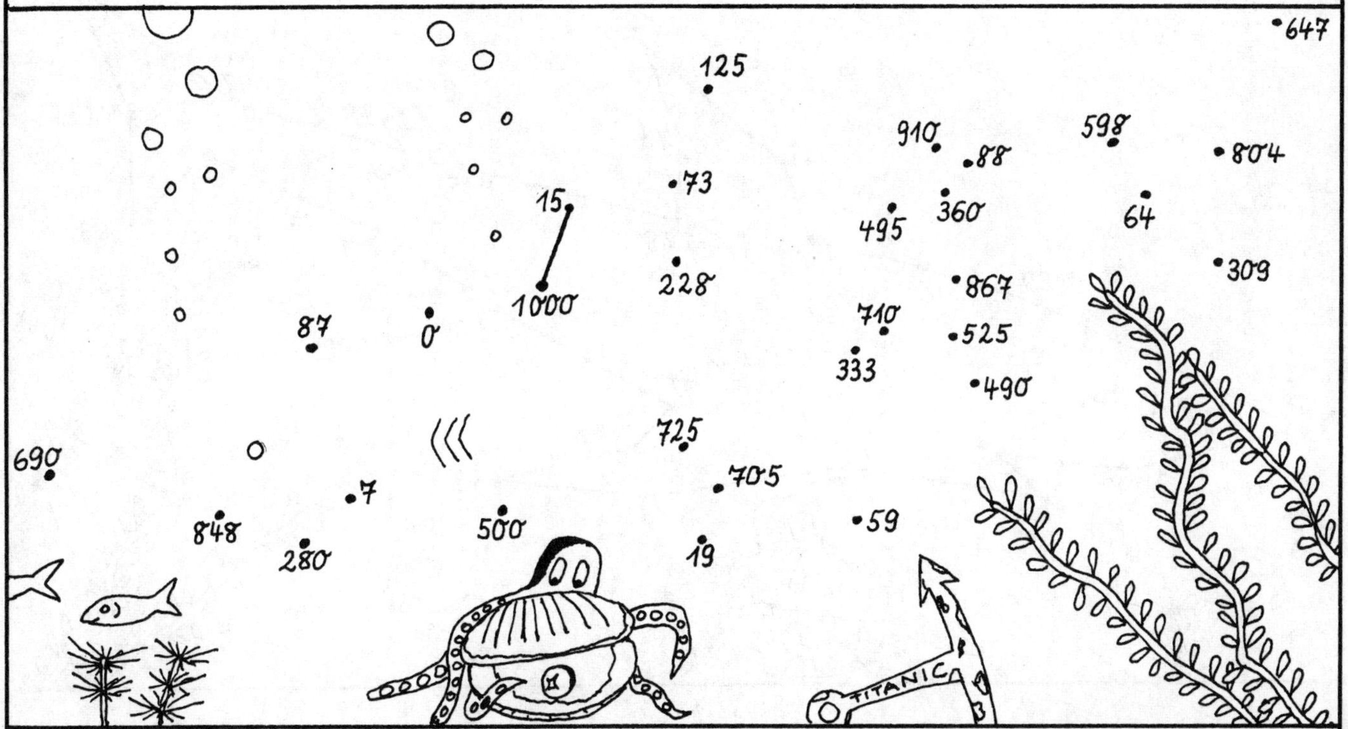

Ergänze auf 1 km!

1 km = 1000 m

1) 985 m + ______ m = 1 km
2) 875 m + ______ m = 1 km
3) 927 m + ______ m = 1 km
4) 772 m + ______ m = 1 km
5) 505 m + ______ m = 1 km
6) 90 m + ______ m = 1 km
7) 912 m + ______ m = 1 km
8) 640 m + ______ m = 1 km
9) 402 m + ______ m = 1 km
10) 353 m + ______ m = 1 km
11) 196 m + ______ m = 1 km
12) 691 m + ______ m = 1 km
13) 936 m + ______ m = 1 km
14) 133 m + ______ m = 1 km
15) 290 m + ______ m = 1 km
16) 475 m + ______ m = 1 km
17) 510 m + ______ m = 1 km
18) 667 m + ______ m = 1 km
19) 275 m + ______ m = 1 km
20) 295 m + ______ m = 1 km
21) 941 m + ______ m = 1 km
22) 981 m + ______ m = 1 km
23) 500 m + ______ m = 1 km
24) 720 m + ______ m = 1 km
25) 993 m + ______ m = 1 km
26) 152 m + ______ m = 1 km
27) 310 m + ______ m = 1 km
28) 913 m + ______ m = 1 km
29) 1000 m + ______ m = 1 km
30) 0 m + ______ m = 1 km

Lösung

Verbinde die Punkte!

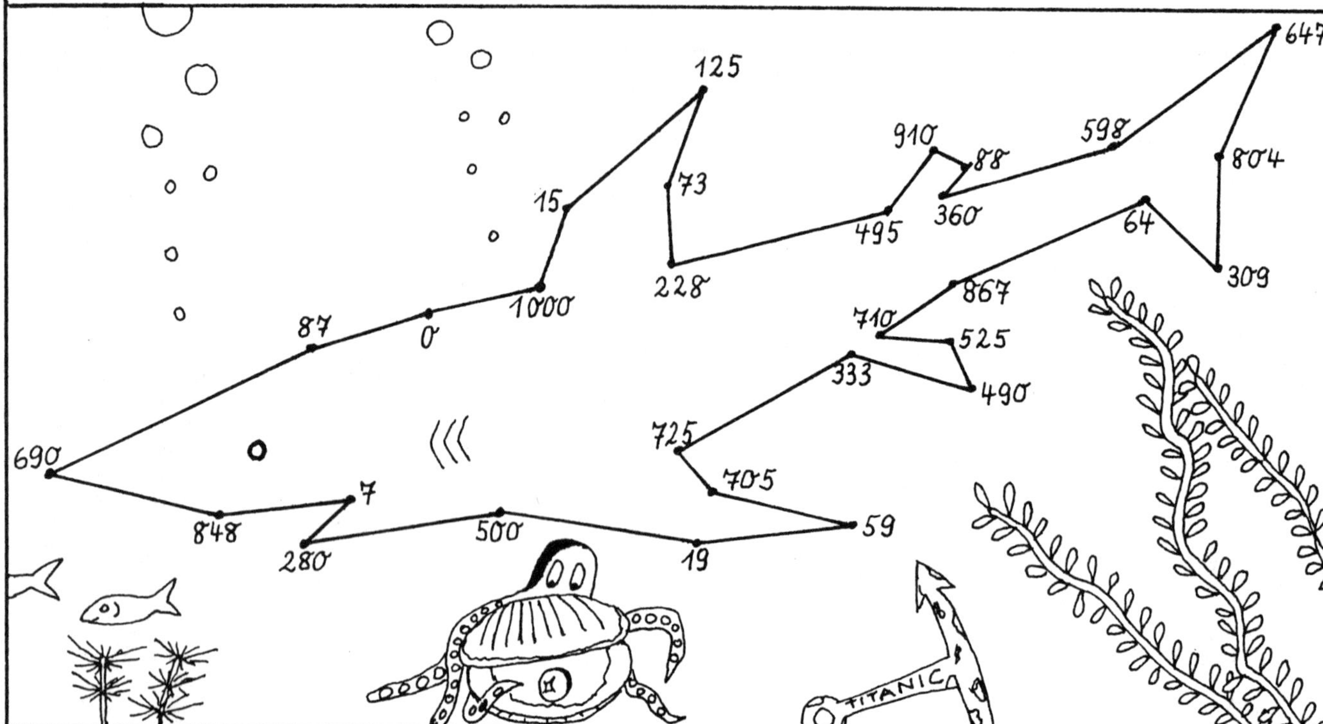

Ergänze auf 1 km!

1 km = 1000 m

1) 985 m + 15 m = 1 km
2) 875 m + 125 m = 1 km
3) 927 m + 73 m = 1 km
4) 772 m + 228 m = 1 km
5) 505 m + 495 m = 1 km
6) 90 m + 910 m = 1 km
7) 912 m + 88 m = 1 km
8) 640 m + 360 m = 1 km
9) 402 m + 598 m = 1 km
10) 353 m + 647 m = 1 km
11) 196 m + 804 m = 1 km
12) 691 m + 309 m = 1 km
13) 936 m + 64 m = 1 km
14) 133 m + 867 m = 1 km
15) 290 m + 710 m = 1 km
16) 475 m + 525 m = 1 km
17) 510 m + 490 m = 1 km
18) 667 m + 333 m = 1 km
19) 275 m + 725 m = 1 km
20) 295 m + 705 m = 1 km
21) 941 m + 59 m = 1 km
22) 981 m + 19 m = 1 km
23) 500 m + 500 m = 1 km
24) 720 m + 280 m = 1 km
25) 993 m + 7 m = 1 km
26) 152 m + 848 m = 1 km
27) 310 m + 690 m = 1 km
28) 913 m + 87 m = 1 km
29) 1000 m + 0 m = 1 km
30) 0 m + 1000 m = 1 km

Puzzle

Hansi hat in seinem Album 248 deutsche, 139 österreichische, 45 amerikanische und 129 Marken aus anderen Ländern.	Frau Hoffmann schmückt ihren Garten mit 8 Rosensträuchern zu je 6 DM, 2 Kirschbäumen zu je 19 DM und einem Gartenzwerg zu 34 DM. Sie bezahlt mit 2 Hundertmarkscheinen.	Frau Röhrich geht mit ihrem Mann ins Theater. Eine Karte kostet 64 DM. In der Pause trinken sie 2 Gläser Sekt zu je 5 DM. Das Taxi kostet 32 DM. Wieviel haben sie insgesamt ausgegeben?
Herr Kaindl kauft eine Hose zu 179 DM, ein Hemd zu 89 DM und ein Sacko zu 345 DM. Er bezahlt mit einem 500 DM-Schein und 2 Hundertmarkscheinen.	Herr Wetter kauft für sein Fahrrad eine Satteltasche zu 12,50 DM, eine Klingel zu 4,80 DM und 6 Speichenreflektoren zu je 50 Pf.	Elke und Maria fahren zu ihrer Tante. Die Fahrt kostet einfach pro Person 6,40 DM. Mutter gibt ihnen 100 DM mit. Wieviel Geld bringen sie zurück?
Bei Familie Schneider wird der Heizöltank aufgefüllt. Etwas Heizöl war noch im Tank. Es wurden 739 Liter nachgefüllt. Jetzt sind 907 Liter im Tank. Wieviel war im Tank?	Frau Marks fährt nach Altötting, es sind 125 km. Beim Heimweg macht sie einen Umweg, der 20 km länger ist als der Hinweg. Wie viele km ist sie insgesamt gefahren?	In einer Grundschule sind 309 Kinder. Heute sind 13 Kinder krank. Wie viele Menschen sind auf dem Pausenhof, wenn 2 Lehrkräfte Aufsicht führen?

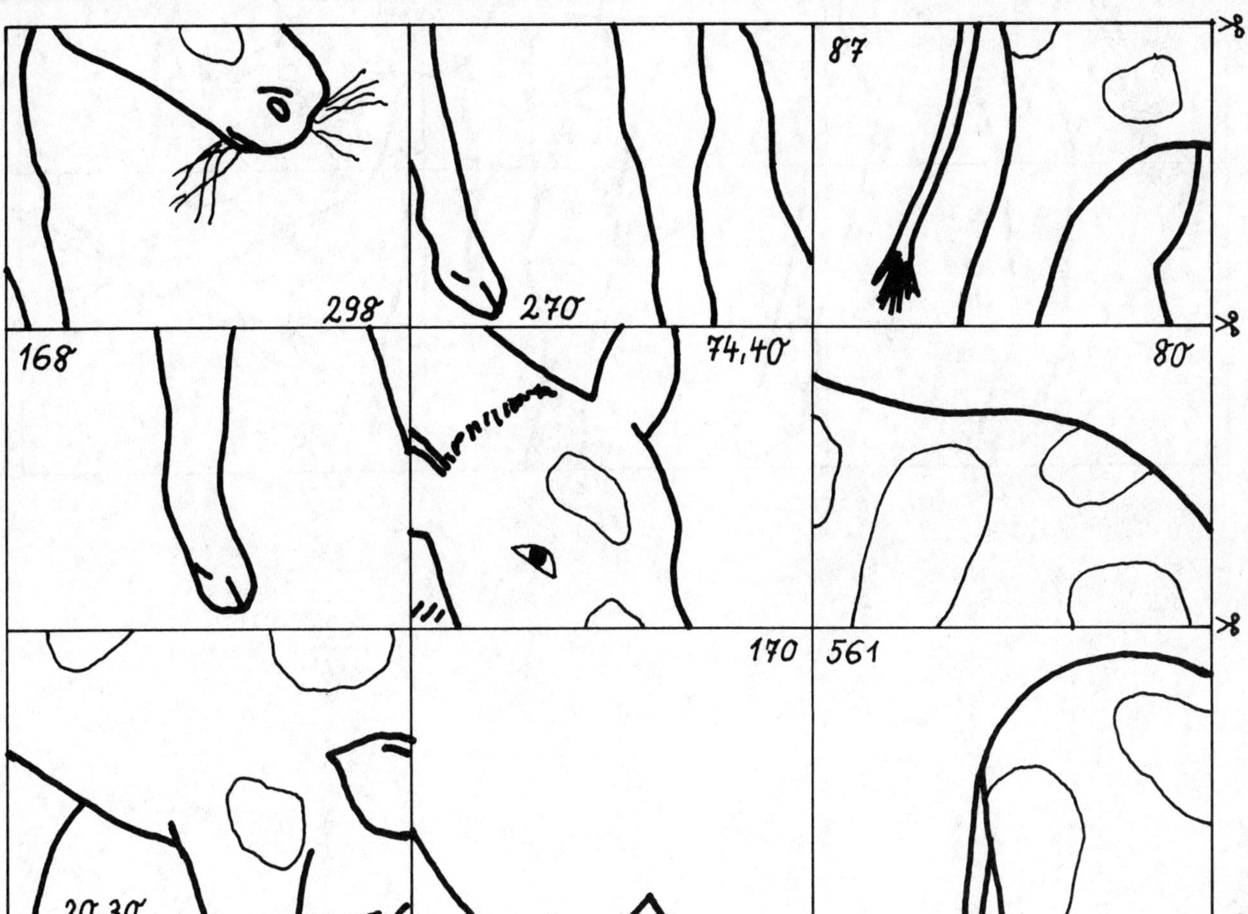

Lösung

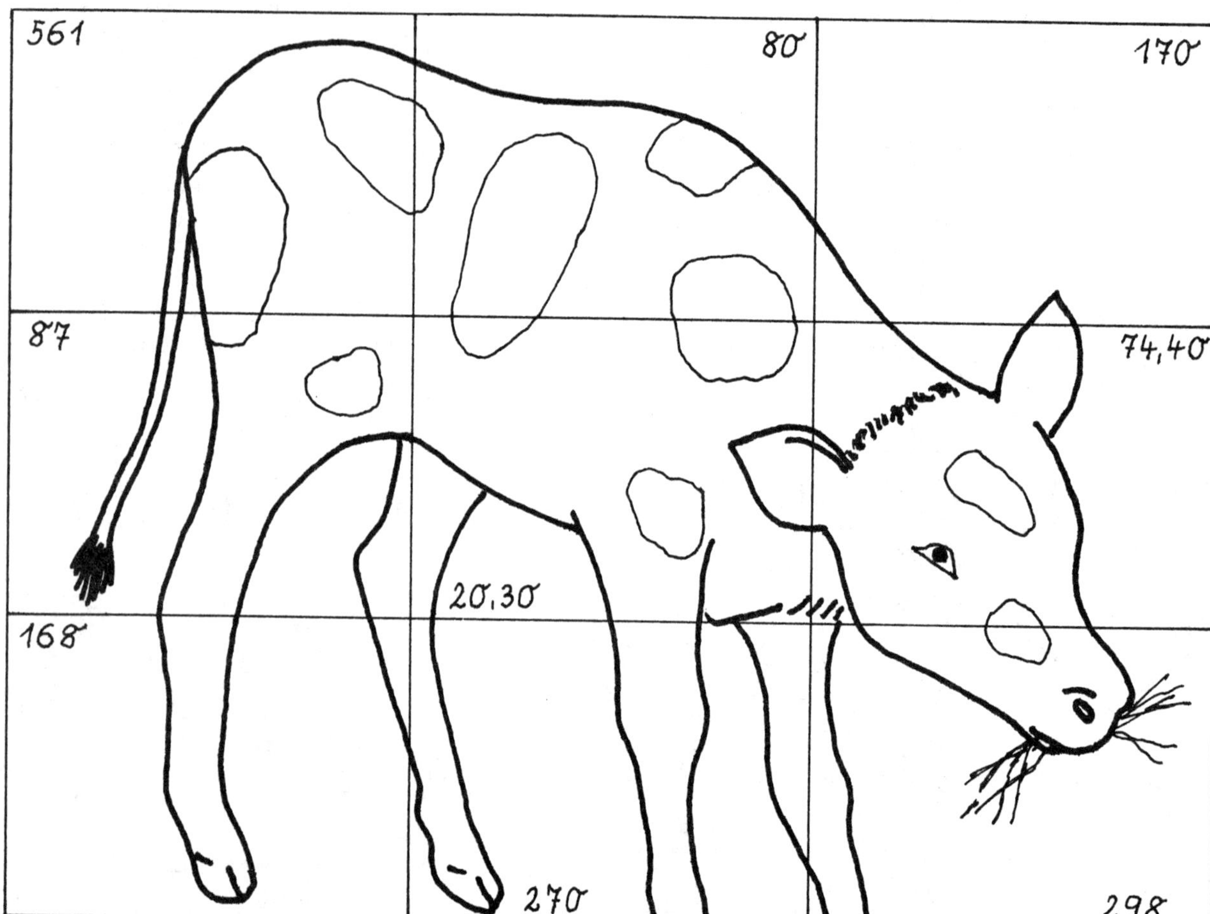

Wie heißen die fehlenden Zahlen?

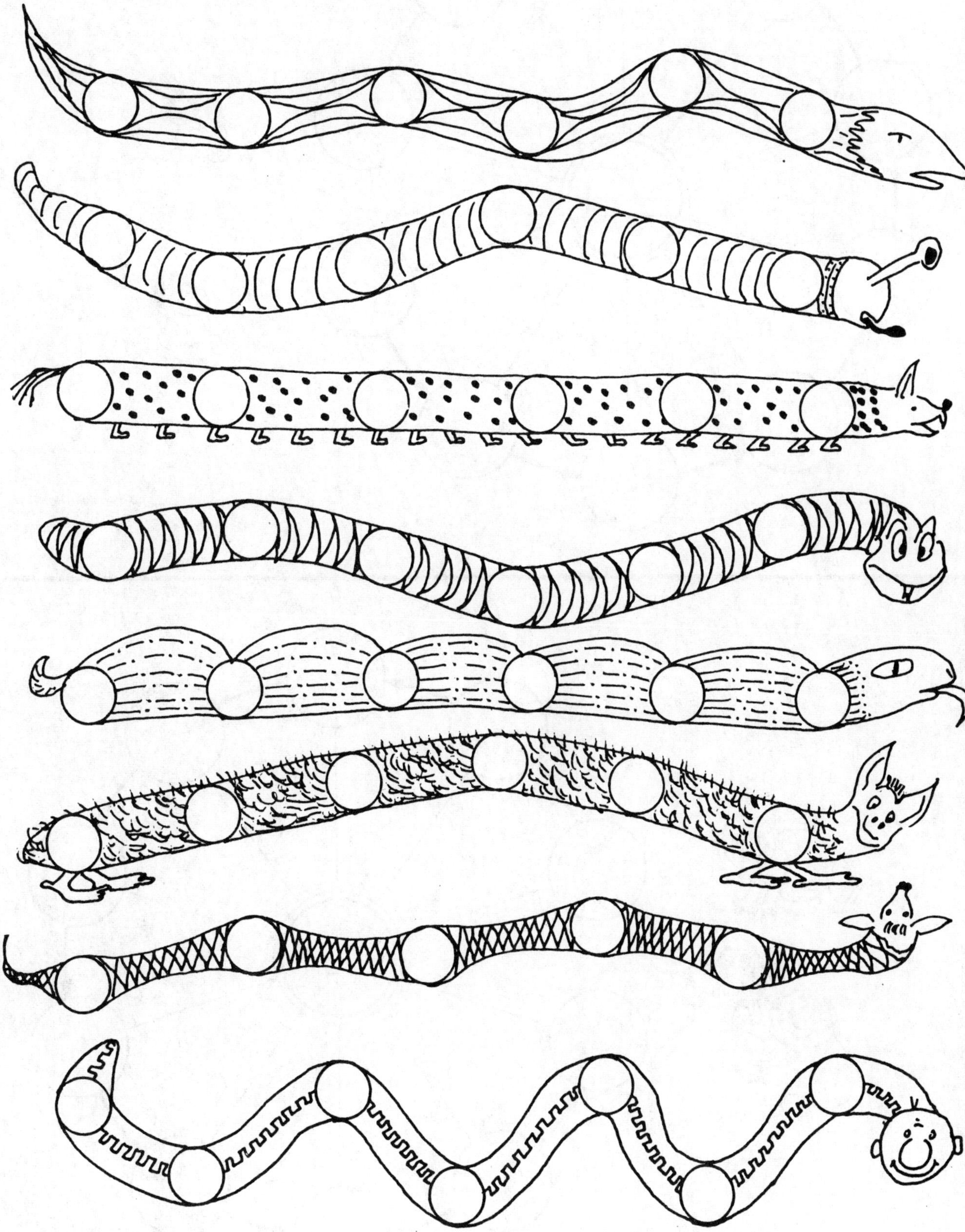

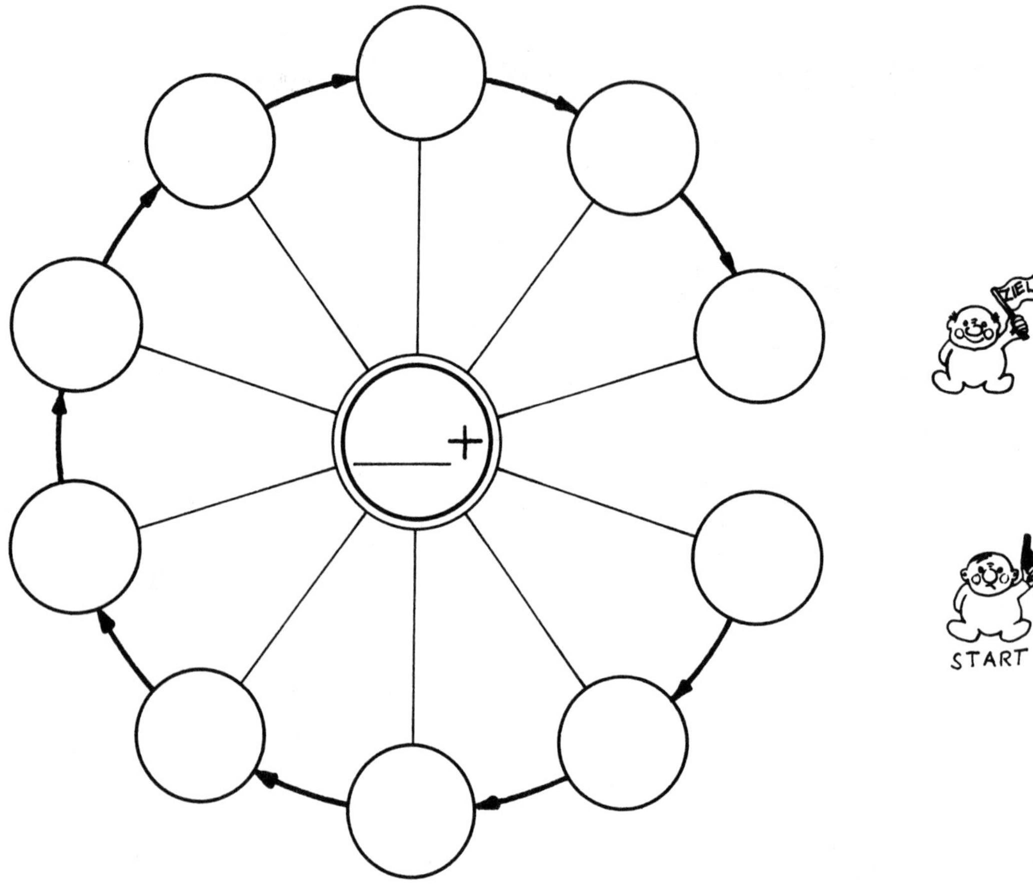
+
ZIEL
START

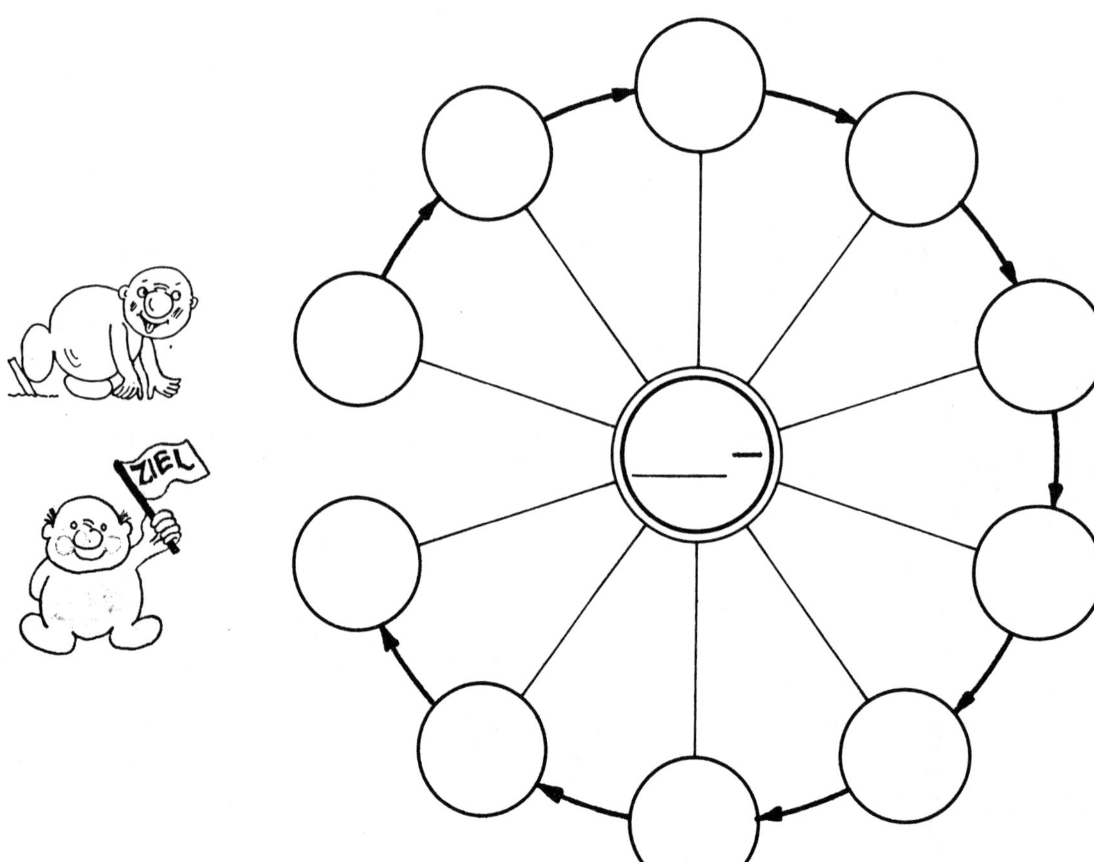
–
ZIEL

Lösung

Der Knulp will zu seiner Frau! Hilf!

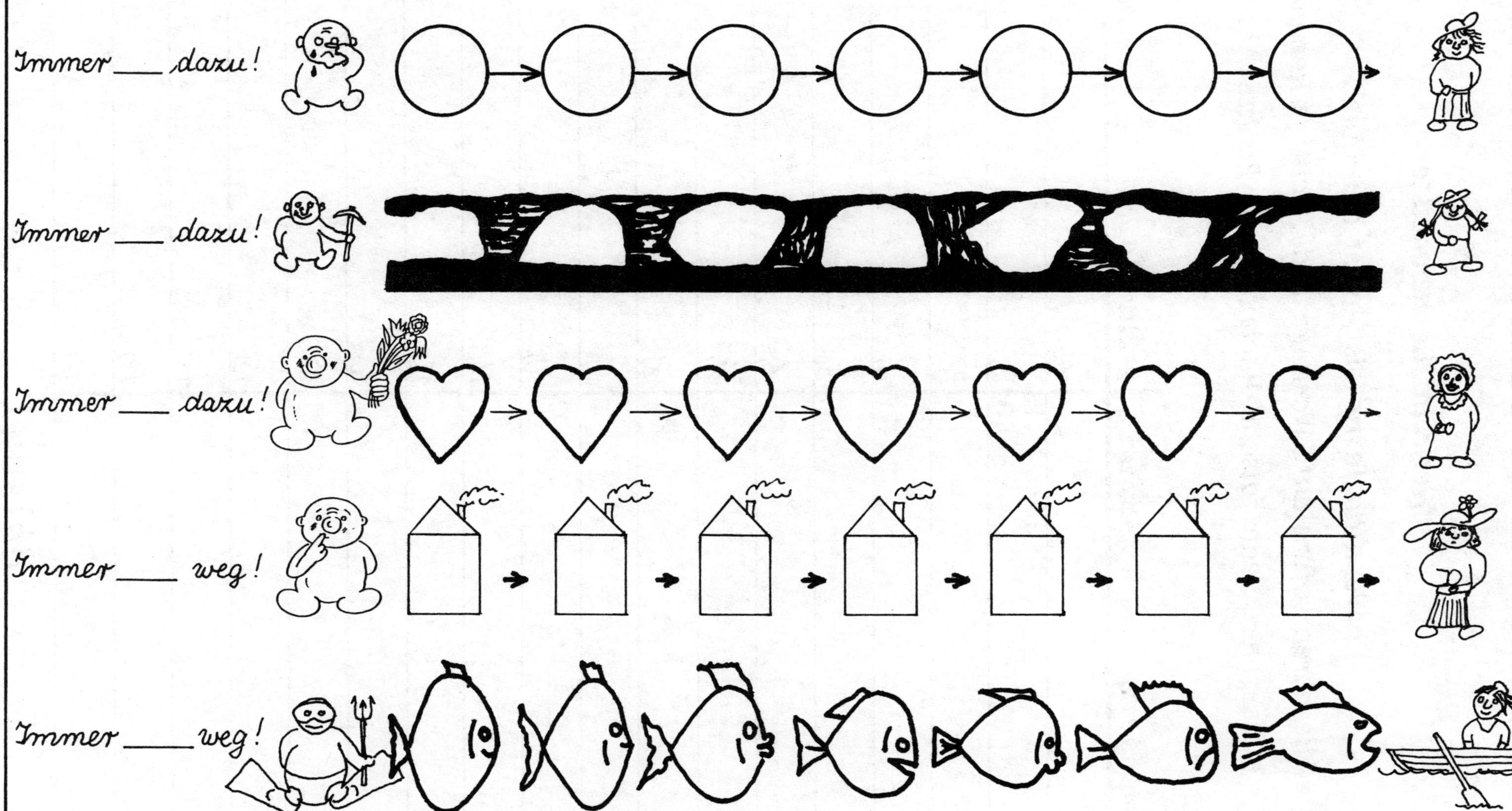

Wer wird Rechenmeister

Wenn du fertig bist, rufst du: "Aus"!
Alle hören sofort auf. Wertung: Jede richtige Rechnung = 1 Pluspunkt, jede falsche Rechnung = 2 Punkte Abzug.

1. Durchgang abdecken	2. Durchgang abdecken
1)	1)
2)	2)
3)	3)
4)	4)
5)	5)
6)	6)
7)	7)
8)	8)
9)	9)
10)	10)
11)	11)
12)	12)
13)	13)
14)	14)
15)	15)
16)	16)
17)	17)
18)	18)

Beispiel: 9 · 4 = 36

Lies die Zahlen!

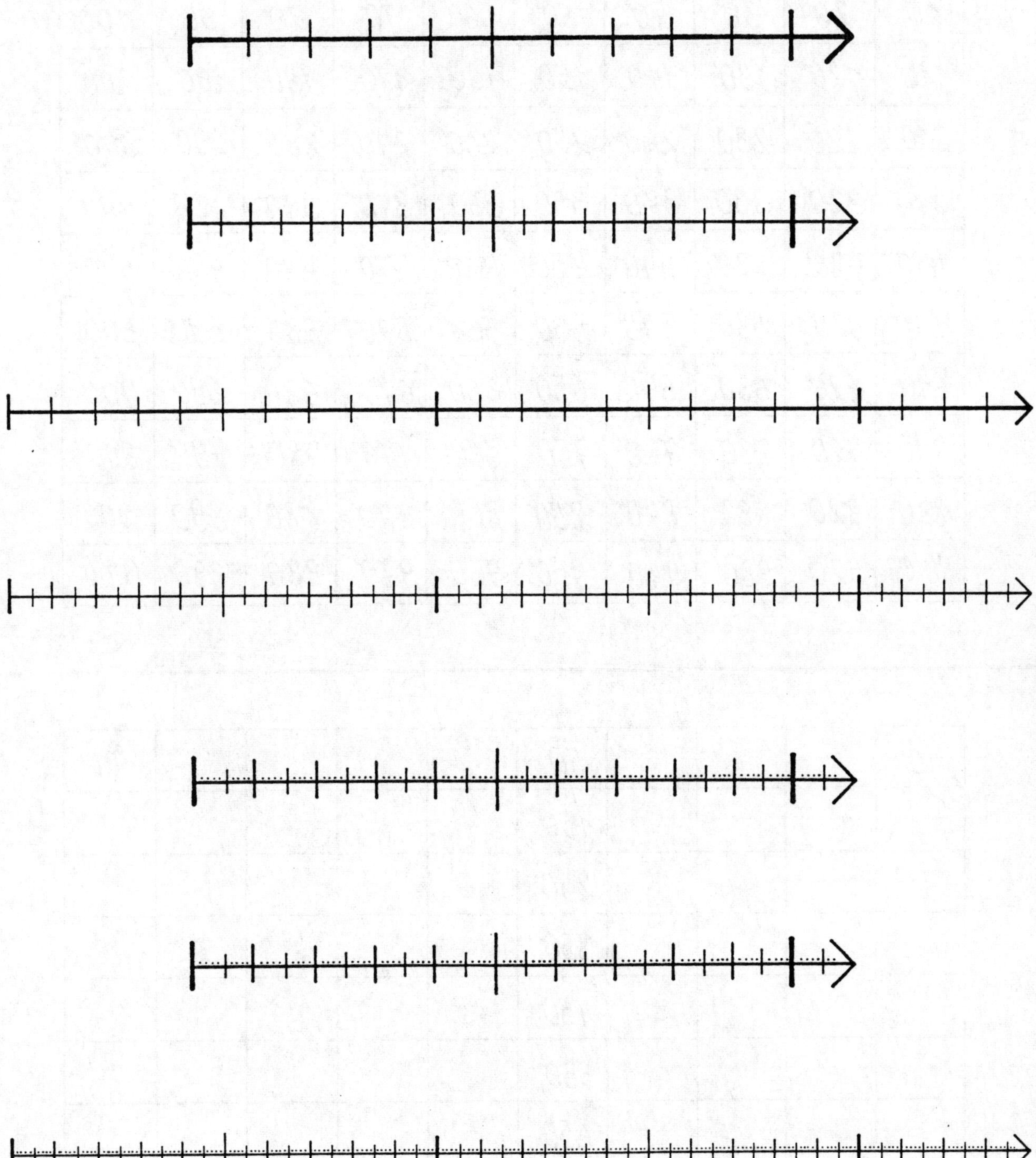

Eine Zahl eintragen: Grenzen/Nachbarzahlen finden
Schranken eintragen/Zahlen mit senkrechten Strichen kennzeichnen: Zahlen benennen

Tausenderblatt

10	20	30	40	50	60	70	80	90	100
110	120	130	140	150	160	170	180	190	200
210	220	230	240	250	260	270	280	290	300
310	320	330	340	350	360	370	380	390	400
410	420	430	440	450	460	470	480	490	500
510	520	530	540	550	560	570	580	590	600
610	620	630	640	650	660	670	680	690	700
710	720	730	740	750	760	770	780	790	800
810	820	830	840	850	860	870	880	890	900
910	920	930	940	950	960	970	980	990	1000

10				50					100
				150					
				250					
				350					
				450					
				550					
				650					
				750					
				850					
910				950					1000

Luftballonschießen

Wenn ein Schütze 2 Luftballons trifft, welche Summe kann er haben? Es gibt sechs Möglichkeiten!

Inhaltsverzeichnis

Inhaltsverzeichnis